二〇一一—二〇二〇年國家古籍整理出版規劃項目
國家古籍整理出版資助項目
安徽省文化强省建設專項資金項目
安徽省古籍整理出版基金會資助項目

桐舊集

方履中署

六

[清]徐璈◎輯録
楊懷志　江小角　吴曉國◎點校

北京师范大学出版集团
BEIJING NORMAL UNIVERSITY PUBLISHING GROUP
安徽大學出版社

本册點校　吴曉國

桐舊集

方守敬敬題

目録

卷二十五

王橒 方葆馨 胡淳 蘇求莊 同校

卷二十六

蘇惇元 王樾 吴元甲 吴民鑑 同校

卷二十七

徐裕
蘇求敬 同校

卷二十八

方聞　江有蘭
王檝　蘇求敬　同校

卷二十九

王　檼　戴鈞衡
蘇求莊　左維養　同校

卷三十

王　檈　胡　淳
蘇求莊　同校

卷二十五

王　檑　方葆馨
胡　淳　蘇求莊　同校

劉允昌二十三首

劉允昌　字燕及，號淯水，萬曆甲辰進士，官大理評事，有還草、遊草、覲草。明詩綜系傳：『由進士知宜黄、臨川、廣濟三縣，遷南大理評事、興化知府。』潘蜀藻曰：『先生幼穎異，過目成誦，爲文萬言立就。令臨川發摘如神，恃才傲物。湯若士負當代盛名，先生不爲之下，卒以此爲忌者所中。三爲令，只遷廷評。所著有學庸日義、劉氏類山。』四庫書附存目子部類書類劉氏類山十卷。龍眠古文類山自序曰：『僻處山中揚搉往古，會心處輒摘取數字，隨筆記之。嘗與漢卿默識，所見效古人隸事，睹物爲戲，足當萱蘇也。』

出都留別諸公

滚滚陌上塵，滑滑車下泥〔一〕。暉暉日影薄，咽咽河亭〔二〕嘶。亭亭頭上蓋，怯怯手中持〔三〕。持杯未忍吞，戀我好襟期。襟期五六人，一一心相知。忘形露〔四〕肝膽，共抱矜〔五〕鬚眉。殷殷勤慰藉，切切傾箴規。箴規語雖多，大要戒脂韋。脂韋失故步，故步甯可移〔六〕，願言保貞節，各凜歲寒姿。哲人愚維戾，努力慎其儀。語盡酒亦盡，高揖搴車帷。明朝前路宿，對月勞相思。

校記：〔一〕此句下，龍眠風雅有『飄飄蘆荻花，嫋嫋楊柳枝』。〔二〕『亭』，龍眠風雅作『流』。〔三〕『持』，龍眠風雅作『杯』。〔四〕『露』，龍眠風雅作『透』。〔五〕『抱矜』，龍眠風雅作『體憎』。〔六〕此句下，龍眠風雅作『矯首看青天，四匝浮雲低。群馬悲且號，僕子各言私。顧此難久留，高揖搴車帷。或來牽我裳，或來捋我髭。飲我以巨醆，醆醆莫教辭。對面萬里去，去去勞相思。』

增城流杯石　明詩綜選　御選明詩録

增江有怪石，形容類虎丘。亦可坐千人，而多巖厓幽。曲澗自天成，或云鬼斧修。仰承千丈泉，驚湍變安流〔一〕。土人不好事，經年罕來遊。我行及暮春，風日妍且柔。結伴得數子，大半高陽儔。脱舄坐曲澗，杯盂任所投。欲去忽復往，將沉還能浮。徘徊若就人，想爲知己留。觀者盡拍手，我意徒夷猶。歎息下山去，空坡驅羊牛。此從詩綜選本。原集前段多八語，末段多六語。

滕陽覽古　二首之一

子房素心人，弱志無雄才。一逢黃石公，殺機從此開。功成不受爵，辟穀何爲哉？帝圖既已矣，神仙骨亦灰。

似景純遊仙詩。

舟次廣川劉覲國計部招飲小龍湫

虛堂敞寥廓，仄徑達窈窕。疏籬護曲欄，短閣凭方沼。盈尺蓄清流〔一〕，黃蘆間紅蓼。中卧白雲郎，夙結青山好。娛賓却絲竹，親人習魚鳥。我來悵黃昏〔二〕，讌坐垂清曉。高談豁素襟，妙義窮玄討。語次及羅浮，千尋空諸島。能留足力健，不使名山小〔三〕。行矣觸風波，勝地縈懷抱。草草不成〔四〕醉，明發即遠道〔五〕。

校記：〔一〕『盈尺』句，龍眠風雅作『沼水不盈尺』。〔二〕『黃昏』，龍眠風雅作『昏黑』。〔三〕『不使』

句，龍眠風雅作『不放眼孔小』。〔四〕『成』，龍眠風雅作『得』。〔五〕『明發』句，龍眠風雅作『即醉亦草草』。

富陽江上〔一〕

江風漠漠吹江樹，江水茫茫走江霧。潮頭來比船頭高，人影去隨帆影度。雲脚垂絲雨欲來，黿鼉戲浪泝〔二〕江回。六橋只向〔三〕青山盡，不盡青山倦眼開〔四〕。

校記：〔一〕『上』後，龍眠風雅有『口號』二字。〔二〕『泝』，龍眠風雅作『逆』。〔三〕『向』，龍眠風雅作『在』。〔四〕『倦眼開』，龍眠風雅作『眠不開』。

瑞鹿歌

癸丑仲秋，余以事至龍坪，有牡鹿浮江而下，漉致之，則生鹿也。土人以爲瑞，獻之余，余因畜之署，作歌。

爾不匿爾，斑斑之毛。爾不戢爾，嶽嶽之角。虞羅椓罝獫裂齶，誰開一面縱爾脱？爾胡不疾歸深幽罨靄之巉岩？爾胡不暫走逶迤廣衍之大壑？長江萬里，風狂濤惡。沙霾蓋面，黿鼉嚼脚。雙耳貼波，仰鼻以息。蹲身奮鬣，四蹄躑躅〔一〕。此时氣盡張两目，微聞〔二〕語獨漉。九死一躍就羈絡，願膏斧鑕充君腹。使君聞此事，惻然解其纓。世間禍福機倚伏，我墮不測同此鹿。我且噉爾以稻粱，處爾以華屋。爾勿復思長林豐草之優游，爾勿復蹈機穽風波之棘蹙。守分全生，深居養福。千歲而蒼毫，千歲而黑質〔三〕。長茲表瑞應圖籙，不須更作中原逐。

即物見志，語多詼啁。

校記：〔一〕『蹄躑躅』，龍眠風雅作『趾彳亍』。〔二〕『微聞』後，龍眠風雅有『喧呼』二字。〔三〕『質』，龍眠風雅作『骨』。

雨止寒甚

野澗亂雲屯，山橫勢欲奔。風驕初歇雨，霧失暫開暾。貼岸輕鯈出，爭籬碎雀喧。共呼泥滑滑，不是學禽言。

左共之邀同何康侯謝無逸飲〔一〕

蘇李不可作，茲山久草萊。昔賢圖畫意，今爲勝遊〔二〕開。邀客看庭樹，臨溪坐石苔。林泉真我事，公等幾能來。

校記：〔一〕龍眠風雅詩題作左共之侍御邀同何康侯宫庶謝無逸山人飲龍眠别業。〔二〕『勝遊』，龍眠風雅作『左思』。

題小山石壁

峭壁倚城根，群山盡到門。白雲屯几席，青薜倚楹軒。似得入林趣，都無近市喧。時來探幽意，結坐已忘言。

梅川署中〔一〕 四首之一

老圃吾真是，秋來事倍賒。剪葵妨灌韭，斷壺便鋤瓜。霜落收蔴子，風寒護荳花。誰知明府〔二〕宅，不異野人家。

校記：〔一〕龍眠風雅詩題作梅川署中秋意四首。〔二〕『明府』，龍眠風雅作『廉吏』。

石屋 中有石棋枰、石枕、石門，黝黑不可下，相傳通海。

古洞郁峆岈，平林帶早霞。牖叢青苾草，壁湧紺蓮花。看局應忘斧，尋源欲問槎。暫來吾意適，高枕即爲家。

過丁文遠新園

出郭無多地，湖山堆眼前。竹深全隱日，松老不知年。鳥喜窺人語，僧貪選石眠。焚香留客坐，近得主人賢。

別孟修

喜〔一〕得容棲託，深秋又別歸。馬穿楓葉度，帆指荻花飛。中路無彈鋏，到家能授衣。生平知己淚，灑向故人稀。

校記：〔一〕『喜』，龍眠風雅作『幸』。

夏日莊居　六首之二

陶令門前百畝田，千株楊柳帶平川。圃多蔬菜先嘗瓠，魚滿池塘每得鰱。小雨恰臨芒種節，微風猶是熟梅天。分畦灌稻無休歇，得放閒時即醉眠。

吾鄉於池塘蓄魚者，多養鰱，自昔爲然。

茅屋蓬門倚郭西，新堤近築草萋萋。繁陰匝地〔一〕桐花落，野水平田稻葉齊。旋啟竹扉爲〔二〕召客，自燒麥酒助〔三〕烹雞。數杯已覺鄰翁醉，日暮辭歸獨把犁。

其一句『沿堤插柳折妨稻，繞屋穿渠儘種蓮。』其二句『偶因朗月清風出，一到桃溪柳岸行。』其六句『偶得奇花旋買鉢，但存隙地即栽松。』

校記：〔一〕『地』，龍眠風雅作『徑』。〔二〕『扉爲』，龍眠風雅作『林旋』。〔三〕『助』，龍眠風雅作『自』。

傅仲執博士以詩見投旋攜尊過訪飛觴賭弈舉座欣靡〔一〕

伏枕經旬病未除，開椷何處報雙魚？攜來苜蓿先生酒，過訪柴桑處士廬。豈有琴書供嘯詠，但憑松菊款巾車。看君事事皆無敵，衰懶餘年愧〔二〕不如。

校記：〔一〕『旋』，龍眠風雅作『次日』；『欣靡』作『靡然』。〔二〕『餘年愧』，龍眠風雅作『年來總』。

自九華歸宿五溪橋〔一〕

老眼猶疑戀碧霄，凭輿貪得看漁樵。日沉嵐氣生茅屋，風起潮痕上石橋。估客沙邊雙艇集，野僧雲外一燈遥。九峰歷歷杯中見，對月招呼慰寂寥。

校記：〔一〕龍眠風雅詩題作自九華歸宿五溪橋用吴客卿太史舊韻。

夏日同張約之袁爾昌萬伯文歐子建集朱季美清暉館韓孟郁黄元卿後至分得蝀字

背郭開三徑，披林遇數公。幽軒臨睥睨，爽氣入簾櫳。高樹翻蜩鷽，餘陰指蝃蝀。覆階花灼爍，隱几竹朦朧。密坐一亭滿，頻窺四望〔一〕空。有懷塵壒〔二〕外，得意酒杯中。窺竇來新客，飛籌任小童。歸風翔鶴鶴，落日射熊熊。漸覺雲光黑，旋添燭影紅。星樽重倚徙〔三〕，露坐復從容。歌嘯歡逾暢，談諧俗轉工。呼盧驕醉態，擊鉢競雌〔四〕雄。漠漠天如拭，纖纖月似弓。衝泥驚瘦馬，辨影數冥鴻。並是青雲客，偏宜白髮翁。兹遊難再續，勝賞竟誰同。

新詞綺麗紆徐爲姸，似宋初楊、劉諸公。

校記：〔一〕『頻』，龍眠風雅作『高』；『望』作『野』。〔二〕『壒』，龍眠風雅作『堨』。〔三〕『倚徙』，龍眠風雅作『徙倚』。〔四〕『雌』，龍眠風雅作『詞』。

聞蟬

得沾清露即高騫，接葉交枝鬧午天。又是一番來聒耳，緑陰深處惱人眠。

林下人不喜俗諠如此。

少年船　三首之一

郎撥銀箏儂唱歌，摇船盡是美艄婆。一杯一櫂〔一〕一聲曲，得到湖心月幾多。

校記：〔一〕『櫂』，龍眠風雅作『橹』。

沙溪即事

處處垂楊繫小槎，叢叢竹裏著人家。漁罾界破青霞影，水碓舂開白浪花。

白鸚䳇

曾向〔一〕宮中號雪兒，海南又得見瓊姿〔二〕。清霜皎月琉璃架，學唱仙郎白苧詞。

校記：〔一〕『向』，龍眠風雅作『住』。〔二〕『又得見』，龍眠風雅作『尚得傍』；『姿』作『枝』。

白鸛鴿

寒皋逾海亦飛翔，使者重逢劉景陽。莫向夷酋誇漢鳥，曾同雪女侍開皇。

集作『解道上皇妃子事，開元曾伴雪衣娘。』

劉允芳八首

劉允芳 字未洙，號白林，諸生，有次醉齋稿。劉氏家傳：『公，湑水公弟也，壎篪唱和，時人比之二蘇。年少補諸生，困於場屋，遂棄帖括，含咀風雅。宜興路宣卿選入詩史，所著詩稿殆千餘首，遭兵燹，僅有存者。』璥按：先生著有詩經永論，其自序曰：『在心爲志，發言爲詩。其叙事陳辭，窺情風景之上，鑽貌草木之中，觸物發聲，天機自動，如孩笑谷音，自然成節。故能瞻言而定志，即字而知情。然物有恒姿，而思無定檢。或率爾造極，或精思愈疏。有淺言之者，深解之而索然；有約言之者，詳解之而索然；有不相倫者，整齊之而索然。篇什之外，吟詠者有餘；字句之間，尋求彌遠』云云。此言盡説詩三昧，即論漢唐以後之詩，亦可括其宗旨，惜此書之不傳於世也。

小山館

黄鸝雨後來，睍睆在高樹。庭陰鹿養茸，屋角鳩呼婦。賞心非有待，因物自成趣。濠濮宛在兹，華林復何處。

短章修潔，兼有淵旨。

夏夜米氏園燈歌

宸垣識略：水曹米仲詔築園海淀曰：『勺園因在郊關，不能日涉，乃繪園景爲燈，林壑亭臺悉具，都人争尚之，號曰「米家燈」。太常吕邦耀有「米家燈是米家園」之句，一時和者數百人。』

七寶合成月，萬花攢成燈。燈來月自照，燈去月重升。古來燈月不並耀〔一〕，有月無燈月空皎。君家海淀燈最奇，一天皓月人間少。此時海淀月，偏照玉京水。月色映樓臺，芙蕖濯清泚。見月不見園，園花空的歷。對月更燒燈，花自燈中出。花燈寶月一宵並，海淀園林入眼明。恰似開元花月夜，雲中遥見廣陵城。

校記：〔一〕『並耀』，龍眠風雅作『常好』。

詠史

相如罷車騎，高卧秋風時。門掩茂陵草，夢繞上林枝。寂寞竟何似〔一〕，歲月忽已馳。賴有長門賦，能充貰〔二〕酒資。

校記：〔一〕『似』，龍眠風雅作『事』。〔二〕『貰』，龍眠風雅作『取』。

懷方嘉州潛夫

之子三刀夢，嘉陵〔一〕萬里行。雲〔二〕過神女廟，花入錦官城。杜宇千林合，峨嵋片月明。此時端手板，從事恰相迎。

工秀似右丞。

校記：〔一〕『陵』，龍眠風雅作『州』。〔二〕『雲』，龍眠風雅作『舟』。

寄謝中隱靈泉蘭若

山人不作廛〔一〕中戀，布褐春隨開士居。半榻香雲初地接，六時清梵世〔二〕緣疏。當杯濁酒容乘興，照眼濃花好著書。老我别來蕭索甚，高齋夢蝶正蘧蘧。

校記：〔一〕『廛』，龍眠風雅作『方』。〔二〕『世』，龍眠風雅作『萬』。

出塞

寒烟落日虜塵飛，畫角纔吹淚濕衣。紫塞黄河千古在，賀蘭山下幾人歸？

别文姬

潮來湖畔水痕平，不分通州〔一〕送遠行。爲〔二〕道相思似潮水，有時纔退復還〔三〕生。

從夢得竹枝來。

校記：〔一〕『州』，龍眠風雅作『舟』。〔二〕『爲』，龍眠風雅作『莫』。〔三〕『纔退復還』，龍眠風雅作『還退有時』。

送路宣卿還宜興

白鷺洲前楊柳枯，清江日暮片帆孤。縱然不見楊花落，也寄愁心到五湖。

點化少伯詩語。

劉蕃一首

劉　蕃　字古處，歲貢生，官桃源訓導，有雪堂、浮山等集。

桃源除夕

今夕爲何夕？飄然歲已除。江湖添〔一〕鶴髮，生計老蟫魚。不寐懷明發，焚香展佛書。故園〔二〕千里外，家宴應〔三〕譚余。

校記：〔一〕『添』，龍眠風雅作『存』。〔二〕『園』，龍眠風雅作『鄉』。〔三〕『應』，龍眠風雅作『或』。

劉夔一首

劉　夔　字君聽，處士。

滴珠岩

细流出洞口，绝壁擁飛泉。人語聲相和，容光別有天。

劉　漢二首

劉　漢　字臣向，崇禎壬午副榜，有漱岑稿。錢田間劉臣向墓表：『臣向性敏慧，讀書涉獵，一過即能襲而用之於文。壬午中副車。南渡立國，臣向與於鈎黨之禍，乃東走，避地吴下，與莱陽姜埰、姜垓、安邱袁彭年友善，既乃返里居樅陽。』

秋懷寄幼光鑑在諸子

安道留〔一〕剡溪，王生夜操舫。嵇康鍛山陽〔二〕，向子激清賞。所重非形骸，興来每孤往。我友多奇懷，義蘊鍾兼两。風吹玉海澄，月曜冰壺朗。酒觴〔三〕傾珠璣，茶鐺沸濤響〔四〕。斯樂忘饑寒，蓮花忽如掌。秋宵理前言，因之寄任昉。

校記：〔一〕『留』，龍眠風雅作『在』。〔二〕『嵇康鍛山陽』，龍眠風雅作『嵇公山陽鍛』。〔三〕『觴』，龍眠風雅作『盞』。〔四〕此句下，龍眠風雅有『聯牀麈尾奮，蹋壁大額獎』二句。

送錢仲馭之任嶺東分臬

擔囊仍是舊青箱，知子無心問越裳。大布舞衣丞相府，素絲襆被尚書郎。但言煮海三升飲，不借燃犀十乘光。羽扇揮來勞按部，朱旗偏冒嶺頭霜。

劉鴻儀十一首

劉鴻儀 字超宗，號深莊，康熙間副榜，官國子監典簿，有石航詩集。劉氏家傳：『公爲清水公之姪，白林公之子，兩中副車，詩文畫傾絶一时。郡伯姚書岑聘修郡志，王昊廬宗伯、薛、俞两中丞咸傾重之。所著有見聞録、樂府考，文集板俱毁於火，存者什一而已。隱跡龍山，卒年八十餘。』

深　莊　四首之一

尤愛此山好，疏窗對面開。野香侵屐入，空翠上衣來。望遠除繁樹，搜巖護古梅。爲渠多傲骨，不畏雪霜催。

呈袁丈爾章　五首之一

亂後君歸早，流離我倍嘗。刀鋒存一線，血淚灑千行。海鶴巢先破，江豚浪正狂。墨莊灰燼裏，回首暗心傷。

潘木厓河墅

曲檻臨方沼，奔巖閣小橋。松風醒鶴夢，花雨濕春潮。徑轉山林換，談深市味消。此中無限意，經濟託逍遥。

望黄山

小樓秋樹裏，正面剪刀峰。遠近陰晴變，朝昏紫翠鎔。一方青玉案，万朵繡芙蓉。何日尋幽衲，来移化石松。

张南村修九華志舟过銅官渚却寄

志欲皈三竺，筇因攝九華。牙籤翻貝葉，筆蕊擁蓮花。選勝雲生岸，搜奇月印紗。名山記疏略，布地寫袈裟。

麻姑山步一上人韻

不識麻姑路，先從半嶺分。偶然逢白社，招手入青雲。杖引龍蛇窟，身隨鹿豕群。高寒天地別，冰雪落紛紛。

附深綠園句：『竹疏新笋密，石側古苔平』。芥山設齋贈茶句：『白飯抄雲子，青蔬剪細辛。』三祖寺句：『半山黄葉寺，一片白雲村。』春社：『酒香招野鳥，花舞簇春盤。』

武夷道中同方有懷賦

一路奇峰三百里，笋輿過處恰相迎。石原有意留雲住，鳥本無心對客鳴。春色幾株花裏渡，瀑聲連日雨中生。朝朝應接躭幽賞，何必山陰道上行。

信步莖草庵

小閣疏籬竹色肥，江波到眼晚風微。頻多帆影白侵坐，一抹山光翠上衣。清磬無聲僧入定，落花半墮鳥銜飛。勞勞塵世緣何事，欲對西山賦采薇。

董天成署齋落成

暫葺官齋屋數椽，繩牀移向畫圖眠。調笙花裏聽黄鳥，摹帖林中寫緑天。愛種琅玕逢竹醉，養成琥珀算松年。即今小試淩雲手，指點丹丘待月圓。

贈元正齋刺史

才名誰復與争先，雅雅魚魚久共傳。家近瓊花人似玉，署臨黄鶴吏稱仙。放衙耽讀惟圖史，避閣邀賓作聖賢。我到恰逢吹律候，陽和如線月如絃。

拜阮一衲墓

酹君君不知，去去復回顧。一片紙錢灰，飛上梅花樹。

劉鴻望二首

劉鴻望 字天南，順、康間諸生，有劉天南詩集。

竹湖夜泛

夜艇乘潮進，纖纖月上東。平湖連岸白，亂火隔江紅。人語魚罾下，雞鳴草屋中。遠村知有寺，鐘度五更風。

錦　莧

無花色更好如花，葉葉開時片片霞。秋到每教添晚豔，人來翻不羡春華。始知霜雪清爲供，頓覺風流老倍加。白石砌邊誰伴侣，陶潛菊與邵平瓜。

劉鴻都四首

劉鴻都　字西麓，順治甲午拔貢生，官廣昌知縣。

諸同人過集小齋看梅

暖日烘檐楹，流澌融積雪。簿書〔一〕陳芳樽，正值嘉平節〔二〕。圍爐洽清〔三〕談，遠樹意〔四〕怡悦。舍南數笏地，亭閣未施設〔五〕。豈不愛幽棲，塵事苦曲折〔六〕。欲〔七〕此丐餘閒，花竹蒔〔八〕成列。開時遲客來〔九〕，杯酒同〔十〕耄耋。觴盡起相送〔十一〕，霜天皎明〔十二〕月。

校記：〔一〕『書』，龍眠風雅作『言』。〔二〕『正值』句下，龍眠風雅有『姻婭意綢繆，金石交締結』。〔三〕『洽清』，龍眠風雅作『縱深』。〔四〕『遠樹意』，龍眠風雅作『相對常』。〔五〕『舍南』兩句，龍眠風雅作『客顧謂主人，舍南地數笏』。下有『竹樹可種蒔，亭臺儘施設』。〔六〕『塵事』句下，龍眠風雅有『勞勞半百年，神疲力亦竭』。〔七〕『欲』，龍眠風雅作『從』。〔八〕『花竹蒔』，龍眠風雅作『栽花擬』。〔九〕『遲客來』，龍眠風雅作『便遲君』。〔十〕『杯酒同』，龍眠風雅作『把杯至』。〔十一〕『觴盡』句，龍眠風雅作『酒闌起送行』。〔十二〕『皎明』，龍眠風雅作『明皎』。

廣署感懷〔一〕

萬里浮家到此間，一官勃窣老塵顔。行〔二〕看倒馬關頭月，遊到〔三〕飛狐塞外山。歲儉苦多鹽米累，鄉遥時覺信音艱。何由解綬霑微禄，半畝松篘鎮日閒。

廣昌壤接大同倒馬關，飛狐塞口在其縣西北。

校記：〔一〕「懷」，龍眠風雅作「賦」。〔二〕「行」，龍眠風雅作「飽」。〔三〕「遊到」，龍眠風雅作「遍歷」。

春莫感懷

枳籬疏竹小亭前，鎮〔一〕日勞勞廢午眠。桃柳已營三畝地，烟波更泛〔二〕五湖船。書封冀北遲鴻雁，春去江南聽〔三〕杜鵑。郭外人家頻嘆〔四〕息，郊原四月有閒田。

校記：〔一〕「鎮」，龍眠風雅作「連」。〔二〕「更泛」，龍眠風雅作「須覔」。〔三〕「聽」，龍眠風雅作「響」。〔四〕「頻嘆」，龍眠風雅作「多太」。

遇張子容湖上〔一〕

欲傍君家〔二〕接數椽，背山臨水足流連。漁船朝夕看來往，一卷南華伴午眠。

校記：〔一〕『上』後，龍眠風雅有『偶題』二字。〔二〕『家』，龍眠風雅作『居』。

劉允升六首

劉允升 字巖遇，號雲芝，康熙間諸生，有懷古堂詩稿。王悔生曰：『先生天才跌宕，少時以七言百韻上合肥李文定公，文定奇之。遊京師，澤州陳文貞公亦有國士之目。然竟悒悒以諸生終，詩稿二十餘冊，值乙巳、丙午歲大饑，其孫以之買米，今存者兩冊而已。』

哀烈婦

歲壬午流寇猝至，擁一婦至大李莊，婦有殊色，賊逼之，婦大罵求死，賊殺之。亂中莫知其姓氏，方翁目擊其事，爲余言，乃設位以祀，題之曰：『大李莊烈婦。』且爲詞以哀之。

以身殉夫夫莫知，以身罵賊身爲糜。殺身全義無所虧，刀鋸鼎鑊甘如飴。蜕然委化直等夷，姓名不考魂何依？正氣炯炯星日垂，乘雲驂虬長在兹。椒漿奠薦心獨悲，皇天不老名如斯。

嵇山

嵇生夙好道，對酒復彈琴。龍性馴難得，鸞音杳莫尋。巨源非妄舉，士季獨何心。寂寞黄壚路，空山愁霧深。

景州

袖拂鋸鋙過廣川，荒城大道直如絃。寒風倒捲沙痕亂，凍日低凝塔影圓。鷹犬圍場人似海，箏琶行帳酒如泉。愁看萬騎邊關馬，牧向居民種麥田。

獻縣

塵海風高望渺茫，建城山色晚蒼涼。地衝最苦居民少，邑冷翻憐長吏忙。下馬孤城如斗大，過橋野樹比人長。日華館廢圖書散，誰更多情憶獻王？

孫湘南擢臺灣郡丞詩以送之

鬣浪鯨波不計程，片帆東指海雲横。鳳山縹緲知何處，聽打船頭十二更。

西蜀東齊舊有聲，紫髯碧眼氣崢嶸。何人得似孫郎健，笑跨鯤鵬萬里行。

劉輝祖一首

劉輝祖 字北固，康熙庚午鄉試第一，有藕浦詩集。郡志：『輝祖爲張文端之甥，既捷鄉試，李公光地、韓公菼皆以三元期之，竟爲人所忌，未登第卒。』王士正居易録：『劉方伯尚志年六十後，生五子一女，若宰崇禎辛未〔一〕狀元，若宰孫輝祖康熙庚午解元。』方望溪集劉古塘墓誌〔銘〕：『月三名捷，祖若宰崇禎辛未殿試第一，父璜桐城庠生，兄輝祖康熙庚午鄉試第一，捷辛卯鄉試第一。』

校記：〔一〕『辛未』應作『戊辰』。

阮孝烈先生詩

子運有隆污，親恩無人鬼。父母生我身，還之父母止。何補於二人，但自盡在己。阮翁值亂離，母病淹牀第。賊刃蔽不暇，頸血污賊指。畢命依母旁，綱常昭如砥。

劉起鳳四首

劉起鳳 字樸園，號半廬，康熙間諸生。劉氏家傳：『公爲深莊公次子，行優學贍，尤善白描畫法，得李龍眠筆意，卒年九十六。』

贈大月西隱兩上人

卓錫建龍寺，雲烟共往還。窗臨當户竹，門對隔江山。耐苦纔真樂，求安豈等閒。吾師心似水，冷眼看人間。

同楊偉玲訪祇樹庵津舫澹然上人

背郭連廛小結庵，法門無象不包含。一簾花雨琴徽潤，半榻香雲筆夢酣。旋剪荷芽供素饌，讓荷根芽，似荷香脆。閒邀竹韻佐清談。塵襟對此銷鎔盡，識透禪機那用參。

山居即事　五首之二

深山四月楝花寒，老困抛書怯卧難。惱恨杜鵑啼不去，滿牀風雨夜闌干。

小院陰陰竹樹斜，山籬開滿刺台花。飛鳴何處催耕鳥，又帶餘聲過別家。

劉中芙二首

劉中芙　字馭寬，號紫峰，雍正間諸生，有學吟集。

即事

蒼蒼松竹裏，寂寞老潛夫。萱帶剪新水，茅柴煨舊爐。養生經頗熟，逢世術全疏。川泳雲飛趣，天機半有無。

采石

松亭撑翠宇，帆落泊回瀾。捉月人何在？清風江上寒。

劉希天一首

劉希天　字□□，號白水，雍正間諸生。

清明客平園書懷

三度清明三度客，一番寒食一番愁。鶯花艷發新如舊，親故凋零冷似秋。回首鄉關獨寂寞，强顔異地共風流。登臨已罷高朋散，黯坐幽窗淚不收。

劉大櫆九十首

劉大櫆　字才甫，號海峰，雍正己酉、壬子副貢生，官黟縣教諭，有海峰詩集。李富孫鶴徵録：『字耕南，雍正壬子副貢，内閣學士方苞薦鴻博，大學士張廷玉舉經學，後官教諭，著有海峰小稱等集。』姚惜抱集劉海峰傳：『先生入京師，方侍郎苞見其文，大奇之，語人曰：「今世韓歐才也。」其爲詩文能包括古人之異體，鎔以成其體，雄豪奥秘，揮斥出之。其才有獨異者。應順天試，嘗两登副榜。乾隆間舉鴻博，又舉經學，皆未録用，卒年八十三。』吴荆山序海峰集：『海峰所爲詩、古文詞，洋洋乎才力縱恣，無所不極，而斟酌經史未嘗一出於矩護之外。』李富孫曰：『近世言古文者推望溪。海峰學於望溪，能自成一家。諸城竇東皋與海峰論文，極爲折服。』杭世駿詞科掌録：『吴文恪公有贈劉生詩曰：「生名大櫆其姓劉，意氣横絶淩九州。邂逅執禮以刺投，蒙莊滉瀁無謬悠。閒仿韓柳勁以遒，詩賦峭蒨窮雕鎪，此才亹亹誰與儔？」云云。其推傾如此。』吴畫溪集劉海峰傳：『先生家樅陽之寺巷，两中副榜，官黟縣教諭，修幹長鬚，善飲酒，對客高談，口如懸河，而復恢諧善謔，不及於亂。』張維屏聽松居詩話：『海峰先生文喜學莊子，尤欲力追昌黎。詩格亦高，五言古尤多可味。句如「松葉忽成韻，嶺雲無定姿」；「日邊雙鳥白，霞外一天青」；「路徑山折溪回處，人在飄風驟雨間」。皆俊出，未經人道。』袁枚隨園詩話：『劉耕南以古文名家，程魚門讀其集曰：「詩勝於文也。」其聽琴、獨宿諸篇，尤爲清絶。』徐崑山曰：『五古自李、杜而後能兼漢、魏、六代之長者，明惟高青邱、徐昌穀，本朝惟吴天章、海峰諸選體力與之抗。其五言近體，以盛唐之格律，行中、晚之工緻，當與愚山爭衡；　七絶高者似李青蓮，次則劉中山，又兼有宋、元諸家之盛，真曠代逸才也。』周白民曰：『海峰七言詩悲歌慷慨，而魄力足以達之，有李、有杜、有韓、蘇，投之所向，無不如意。』竇東皐曰：『海峰五言古詩原本魏晉，出入於陳拾遺、李供奉之間，而自成一家。　七言淋漓激昂，擺脱常格。　五七律亦各入妙品，不愧作者。』

雜詩

天心良不渝，人事信多忒。　鮫宮明月珠，相輕等瓦礫。　道旁生荆榛，輒欲擬松柏。　蚓竅作蠅聲，聞之驚霹靂。　哀衣燦藻火，熟視謂無色。　勺水笑滄溟，千鈞視蟬翼。　哀哉不能言，吁嗟當默默。

海峰屢躓棘闈，終於副車，故言之骫髀如此。

雜感

隆冬御敗絮，終日嗟無衣。　一朝得狐貉，閉目笑羊皮。　菰粱永今夕，頓忘無朝炊。　團圞一門內，弟寒兄不知。深宮狎阿保，而閔百姓饑。豈非天使獨，知臨大君宜。吾聞晉帝言，何不食肉糜？中人數家産，流涕誦此辭。

飲酒

朝出日在東，暮出日在西。東西向前去，回看白日非。草枯或再榮，人死誰當歸？如何遼東鶴，自稱丁令威？瀼瀼葉間露，見日良已稀〔一〕。我觀後來者，力佪前人規。萬世一火劫，火盡灰則飛。浮雲何足道，餔〔二〕糟歠我醨。

『火劫』二語即楚父老所云『蘭以薰自燒，膏以明自銷』也。烈士才人，均堪淚下。

校記：〔一〕『稀』，劉大櫆集作『晞』。〔二〕『餔』，劉大櫆集作『鋪』。

田居詩

田家事耕作，終歲常勤勞。素業苟無失，稱心同禹臯。日暮衆鳥息，牛羊各歸牢。攜瓶汲澗水，仰見山月高。人影忽在地，草露時霑袍。浩歌返茅舍，檐際風飀飀。坐到〔一〕一樽酒，甯知塵世囂。

『素業』二語道得沮溺丈人意中事。沈歸愚評：『田間乃有此人耶！』

校記：〔一〕『到』，劉大櫆集作『對』。

曉望

春鳥檐際鳴，欣然念晴旭。緩步出中林，平臯縱遊目。烟淡迷松關，花深隱茅屋。朝霞散餘紅，遠水摇〔一〕新緑。地迥情欲忘，身閒意自足。如何塵世人，心乃賤農牧。

明秀繼步宣城，阿衡耕莘元宰。明農賤農牧，自是三代以下人眼孔。

校記：〔一〕『摇』，劉大櫆集作『遥』。

閒居

宿雨霽園林，卉木靄餘芳。輕服始適體，燕居臺沼涼。雲歛午陰淡，花飛春晝長。一觀群化跡，浮慮頓相忘。

沈歸愚評：『風格近左司。』

同葉書山夜坐有懷姚南青

促坐高齋月，抗言談古今。清風自南來，吹我白玉塵。夜深月轉明，雲葉鮮更吐。美人隔江鄉，獨寐誰與語？念子正徘徊，秋城動砧杵。

雜詩

食荼畏荼苦，食桂嫌桂辛。拔劍發長嘆，中心懷所親。燕歸尋舊巢，水落依舊痕。新交雖云貴，未若故交貧。我欲致契闊，遠在長江濱。誰言江水遠，但恐無梁津。登彼太行山，惟見天際雲。雲中有好鳥，比翼同飛翻。愁心逐飛鳥，去入無窮門。

駿邁似明遠，非徒詞語之肖也。

感興

毛嬙與驪姬，艷色世所希。魚見反深入，鳥見或高飛。凡物有本性，易地不相宜。陋巷飯我菽，賤子甘如飴。持將贈達者，臭味固差池。

起四句全用莊子入詩。

雜詩

秋月照梧桐，流光如碧雲。恍惚寤寐間，遥見姑射人。蛾眉秀玉頰，皓齒食清芬。淩風振微步，儀態難具陳。望之有餘輝，即之未可親。翩然忽不見，令我久逡巡。高高天漢上，何路致殷勤？

雜詩

可憐木棉花，結實如飛絮。柔絲千萬端，宛轉織成布。佳人細意裁，爲君作襦袴。有客遺羅紈，雖新不代故。薄質謬承恩，自矜誠異數。誰知歡愛終，委棄在中路。

鮑步江評：集中雜詩、感興、感懷、襍興等篇，凡三、四十首入之阮嗣宗詠懷中，不可復辨。

江鄉

廟堂非吾事，生計惟江鄉。湖水際天白，匝野〔一〕多垂楊。濃陰自成幄，中有粳稻香。輕烟媚荷渚，落景窺魚梁。瀲灩〔二〕映空色，窗欞結幽光。興至時艤棹，朋來或命觴。因知沮溺意，斯世良可忘。

校記：〔一〕「野」，劉大櫆集作「岸」。〔二〕「瀲灩」，劉大櫆集作「澹瀲」。

山中早發

空山毓靈秀，百鳥皆和鳴。宵遵巖下宿，怡此枕上聽。陽卉露方滴，陰壑雲自生。瑤花茁異彩，天風弄微清。境勝百憂遣，心閒群物輕。遽爾舍之去，悽然傷我情。

獨游南村有懷姚大南青

山雲屯故陰，澗水生新綠。曉露泫桑條，時禽響穹〔一〕谷。偶茲憩河滸，復爾遵巖麓。地僻不逢人，林深喜見鹿。静對豁幽襟，長歌懷往躅。所思良已違，何由寫衷曲。

校記：〔一〕『穹』，劉大櫆集作『空』。

東族姪

綠蔭漸成結，紅芳紛已殘。戲蝶如翻雪，流鶯似轉丸。峰高瀑布響，日落竹林寒。以我羈愁集，憐君旅緒單。歡觴仍罷酌，瑤瑟不成彈。何因一攜手，同上皖公山。

泊赭圻

霽旦發銅陵，昏夕臻赭圻。扶光斂陽彩，積水含陰霏。披雲傍沙岸，帶月款村扉。涼野風瑟瑟，秋昊〔一〕葉飛飛。珠露草間白，玉繩波際輝。崇情悵已邁，素抱良多違。髮短有盡日，意長無已時。憂來罷觴酌，未知今所歸。

校記：〔一〕『昊』，劉大櫆集作『旻』。

遊龍眠山

良辰值暄序，振策遵靈巖。暗谷既陰閟，崇坡復陽開。斑斕絶壁峙，窈窱曾阿頹。朱葩冒石脊，翠穎環水涯。文魚躍西澗，森木榮南垓。幽幽乳竇滴，殷殷飛瀑豗。蘭野霞氣上，松門樵響來。引手摘弱卷，散髮依蒼苔。攀登不知倦，憩坐時忘回。境〔一〕虚浮慮遣，襟遠群象該。况挈素心侶，同傾昭曠懷。

倪司城評：『遊覽諸什，得大謝三昧。』

校記：〔一〕『境』，劉大櫆集作『志』。

懷古

方朔乃太歲，李白爲長庚。天公尚不容，況此蚩蚩氓？九尺一囊粟，金馬聊偷生。赫赫武皇帝，玩之如老兵。未至帝降輦，既來帝調羹。流落到江左，謝公山正青。人間偶遊戲，海涌崑崙傾。猛虎一長嘯，百犬皆無聲。浮華何足道，千載留芳稱。

方李星精遊戲人間，不知者，以爲詼諧佯狂也。

登攝山棲霞寺

層巒控地紀，傑閣倚天半。升高抒遠懷，淩虚振遥〔一〕盼。雲起電方流，雨來山欲暗。陰崖竹籟生，遥渚花光亂。川泳慕修鱗，霄騫〔二〕希逸翰。守兔非有蹄，求鴞只見彈。佳辰憐水逝，良遊惜飈散。淹留卒無成，俯仰憎〔三〕哀歎。

沈歸愚評：「起高。」

校記：〔一〕「遥」，劉大櫆集作「英」。〔二〕「騖」，劉大櫆集作「騖」。〔三〕「憎」，劉大櫆集作「增」。

羇旅行

檐冰四垂積雪白，朔風慘澹吹沙礫。釜甑堆塵瓶盎空，鴟鴉腐鼠還相嚇。我生胡爲長不歸？拔劍起舞思奮飛。故鄉亦未有田宅，試灼枯龜求是非。

郭外看花

憶昔看花在江南，紛紅駭緑名難諳。春來十日九遊劇，山椒水涘窮幽探。蹇驢蹩躄動十里，酒樽茶具盛都籃。折屐朝將虎競穴，篝燈夜與僧同龕。其時同學六七輩，上下角逐矜雄談。題詩仰窺萬仞壁，飛布〔一〕直下千丈潭。自入京國少情思，凍泥乾矢污袍衫。閉門十日卧不出，作繭自裹如眠蠶。春光一去杳無跡，辜負人間三月三。今朝雨色偶晴霽，西山城上浮青嶄。欣然一笑出郭去，幾樹當路逢優曇。直沽運舫恰初到，紅泥印酒新開壜。田夫樵人〔二〕似野鹿，正可挽入同沉酣。山果駢羅襍丹漆，咀嚼冰雪誇梨柑。偕行況有兩年少，才皆璜瑀非砆珷。山光水色花態度，各著險句相磨劘。却憐賤士滯京國，獨與花對甯無慚。時命窮通亦偶爾，造物有意誰能參？方春百卉盡爛漫，北枝已吐南枝含。碧瓦〔三〕朱闌彼自得，荒郊野水吾何憨。攀柯執條泫然久，夕陽半下西嶺銜。蒼蒼暮色自遠至，晚鐘纔打峰前庵。僕夫相顧趣整駕，徘徊欲去仍停驂。城上鴉啼月東出，舉頭四顧天如藍。

張中畯評：『長篇豪蕩磊落，北地後不多見』。

校記：〔一〕『布』，劉大櫆集作『步』。〔二〕『田夫樵人』，劉大櫆集作『田父樵夫』。〔三〕『瓦』，劉大櫆集作『甃』。

重九後五日同人讌集分韻得佳字

長安客舍縈螔蝸，庾郎雖貧猶食鮭。我輩天涯每痛哭，豈必絳灌曾擠排。江東風光足爛漫，放浪山巔仍水涯。都籃茶具鮮且潔，緑陰好鳥鳴喈喈。無端失足到京洛，似棄莞簟求藁秸。麾之不去類蠅蚋，汗流疾足〔一〕常滿街。面垢塵土一千尺，北風日夜聞其⿰皆風。皮乾肉皺筋力憊，安得膏潤回枯骸。長城白骨亂枝拄〔二〕，荷鍤便學劉伶埋。今朝乘興不暇懶，勝遊喜得同心偕。尚書郎官六七輩，間厠文士拖芒鞋。或言等類太無別，正如爾言亦復佳。談天辯口競哆侈，掀髯一吐平生懷。紅燈白月争照耀，況傾濁酒如長淮。少年火色趂姿媚。時出小慧相俳諧。黄花晚折有餘態，勝對越女攜吴娃。中山已供十〔三〕日醉，收拾酒椀懸詩牌。酒政森嚴忌探伺，詩情古淡懲淫哇。嗟哉大雅日陵替，怒鼓取閙喧群蛙。或效呢呢兒女語，徑欲拔汝頭上釵。上薄風騷下沈宋，後何不爾前人皆？青天破碎不可補，誰能煉石煩女媧。噫吁嘻！丈夫不得噓氣貫赤日，文華縱好無根荄。群生萬物一無濟，漫自矜飾云吾儕。良夜風流偶翕聚，明晨日出當分乖。髀肉易生時易邁，淚痕霑濕難摩揩。

清詭勁奡蘇、王之間。迮耕石評：「絳灌無文，隨陸不武。公等碌碌，孰是吾儕人哉！先生休矣。」

校記：〔一〕「足」，劉大櫆集作「走」。〔二〕「枝拄」，劉大櫆集作「楮柱」。〔三〕「十」，劉大櫆集作「千」。

題吴西玉青巖放鹿圖

人生與天地，一氣相回環。穢濁沉埋入地底，清氣直上浮天關。罡風漩急不可以駐足，乃樓嵩衡泰華諸名山。瓊臺玉宇高且寒，日與古來賢豪聖智相往還。蜉蝣蟻垤看塵寰，山中所有惟鹿豕，安得斯人與遊盤？鳥獸同群亦樂事，況乃瑤光星彩長爛斒。乘奔六馬不能及，浮水踰岡生羽翰。仙人何必在天上，且放白鹿青巖間。

吴大椿置酒丁香花下

江南三月江水清，風暄日暖魚苗生。客子飄零慣車轍，辜負故園春景晴。今朝喜見草芽茁，丁香枝上蒼玉明。延陵公子動逸興，安排酒盞招劉伶。平生抵死荷一鍤，況聞牛與羊魚腥。侑觴復有好絃管，連昌宫詞琵琶行。吾聞阮嗣宗，因人善釀求步兵。又聞灌仲孺，一錢不直衛尉程。我輩天涯久淪落，春光入座誰能醒？畫史解衣裸槃礴〔一〕，淳于大〔二〕笑冠絶纓。飲者身在即不朽，何須刻作鐘鼎銘。君不見此花含吐如瓶瓻，欲開不開殊有情。一夜東風蘋末起，紛紛霰雪鋪檐楹。

校記：〔一〕『裸槃礴』，劉大櫆集作『盤礴贏』。〔二〕『大』，劉大櫆集作『失』。

送張繡楓　時將歸娶。

君家住近姑蘇臺，門前緑水群鷗來。坐時〔一〕晴窗誦六甲，桃花灼灼當窗開。幾年入洛曳珠履，筆端所向皆披靡。爲惜風光不待人，夢魂飛渡吴江水。與君一見論心事，倒篋傾筐無所忌。燕市酒徒今幾人？酒酣更灑楊朱淚。遥指秋江波上船，孤颿〔二〕颯颯凌蒼烟。吴中春草碧於染，聊寄相思到日邊。

校記：〔一〕「時」，劉大櫆集作「對」。〔二〕「颿」，劉大櫆集作「帆」。

補溪草堂歌爲顧學正備九作

補溪有草堂，乃在虞山之東四十里。宋室遺民顧隱君，讀書求志居於此。裔孫奕葉起甲第，手植芙蓉遍溪水。古檜陰森墓上枝，流霞照耀相思子。數百年稱顧氏廬，後來却歸錢尚書。尚書聲名高〔一〕台斗，善黨峥嶸作魁首。車馬門前問字來，美人歌舞陳尊酒。不知滄海幾揚塵，此地還依舊主人。依然紅豆長萌蘖，當日樵夫摧作薪。顧家經術代不替，國子先生勇絶倫。遂將詩禮盡發覆，高源一一尋崑崙。乃知世業在德守，文章小技未爲尊。曾將草露比富貴，惟有處士名長存。不見長安苑囿地，頽垣敗甓烏烏喧。草堂嵂屼〔二〕溪水濱，歷宋元明傳其真。

校記：〔一〕「高」，劉大櫆集作「動」。〔二〕「嵂屼」，劉大櫆集作「突兀」。

題孫孟然品酒圖

天上酒星地酒泉，清者爲聖濁者賢。古來賢聖皆愛酒，何獨於今孫孟然。吾聞酒者天之禄，持以養人生百福。長樂宮中觴九行，步兵厨下藏〔一〕千斛。左手持螯右把杯，拍浮其中一生足。青田之核衡陽醽〔二〕，關中白薄高公清。松葉凫花八風凍，竹碧鵝黄千日醒。西蜀東吴各異造，妙香殊色難知名。此間高下有倫次，誰謂醇醨無定評。高堂廣座羅賓友，並坐鼓琴還擊缻。小蠻鑿落紛縱横，自卯同傾將及酉。稽毈那用作經程，但願河東日〔三〕一斗。君不見阮遥集，百錢挂杖常自隨。又不見山季倫，乘驄倒著白接䍦。金貂只作换酒具，酩酊憑教無所知。孫郎昂藏天下士，捧罍承槽非本志。胸中壘塊故須澆，一月二十九回〔四〕醉。車輪括頸庸何傷，失一老兵那復計。披圖故態恍如昨，糟漿之風猶逆鼻。縱使人呼老渴羌，我知酒中有真味。

校記：〔一〕『藏』，劉大櫆集作『釀』。〔二〕『醽』，劉大櫆集作『酃』。〔三〕『日』，劉大櫆集作『惟』。〔四〕『回』，劉大櫆集作『日』。

山居早春

出門無所適，閉户每經時。松葉忽成韻，嶺雲無定姿。午鷄啼上屋，春草緑過池。生計從寥落，幽人吉在兹。

姚大南青將過訪止之以詩

敝廬在東鄙，老屋百年存。客或踰庖宴，鷄多上席喧。牯牛浮晚渡，寒雨入孤村。欲枉故人駕，何能此駐軒。

山〔一〕村

山水足嘉遁，彷徉江上村。江樓一夜雨，春色滿平原。出户若有得，歸來無可言。坐傾桑落酒，烟月淡黄昏。

校記：〔一〕『山』，劉大櫆集作『江』。

蓬户

蓬户少人蹟，空林惟鳥巢。野風吹槲葉，凉月上松梢。衣食終無計，妻孥幾欲拋。早知儒服誤，難免俗情嘲。

暮雨

芳草碧初齊，看山倚檻西。燕歸逢暮雨，花落帶春泥。返照寒逾峭，非烟暝欲迷。青絲玉壺酒，今夜正堪攜。

三、四清警。先生五律此類數十句，正殷璠所云：『情幽興遠，思苦語奇，忽有所得，便驚衆聽者也。』

我生

柳外春〔一〕風至，山雲吹向西。晴嵐化爲雨，碧草半沾泥。隔水疏花動，依人獨鳥啼。我生饒進退，肯作觸藩〔二〕羝。

校記：〔一〕「春」，劉大櫆集作「東」。〔二〕「藩」，劉大櫆集作「藩」。

聽琴

香臺初上日，檐鐸受風微。好友不期至，僧廬同款扉。彈琴向佛坐，餘響入雲飛。余亦忘言説，烏棲猶未歸。

山行

啼鳥四山静，落花千澗香。路隨巖曲轉，愁逐水流長。志業歸頹放，形容劇老蒼。永懷垂釣侶，相與濯滄浪。

江村獨宿

曠野葉皆脱，高天星四垂。鳥啼人去後，月出夢回時。暗壁蟲催織，空梁鼠噪饑。我生如病羽，到處只差池。

與諸君泛舟荷花盛開

把我蘭陵酒〔一〕，注君白玉杯。荷花三十里，相對一時開。短棹隨流轉，清歌逐吹回。不知天色暮，明月上船來。

校記：〔一〕『酒』，劉大櫆集作『醅』。

雨中小飲

細雨不成泥，江雲覆檻低。柳根春水漲，花外午鳩啼。薄酒傾難醉，浮生動易迷。長吟一回首，日落斷橋西。

送姚範治歸里

天際故人少，胡爲君復還？河聲隨驛路，鳥語到鄉關。悵望江南樹，愁看薊北山。憑將遊子淚，灑向〔一〕舞衣斑。

校記：〔一〕『向』，劉大櫆集作『入』。

送吴冠山編修視學閩中〔一〕

手提秦代鏡，朗照到閩中。不斷蓮峰雨，相迎劍浦風。茶花水玉碧，荔子火珠紅。莫學九方過，群良一旦空。

校記：〔一〕『閩中』，劉大櫆集作『福建』。

送人之金陵

身著翠雲裘，揚帆古石頭。手持白玉麈，緩步子荆樓。月冷三山夜，潮回六代秋。偶然逢李白，爲駐木蘭舟。

家　在

家在寒山外，門前澗壑重。疏梅帶積雪，缺月隱深松。獨酌依餘火，長歌懷老農。西鄰渾不寐，夜静遠聞舂。

釣臺

萬古桐江水，東流不住聲。可憐江上月，猶似漢時明。我適乘舟過，因懷出世情。殷勤一杯酒，滿酌爲先生。

舟發襄陽次韻

楊柳麴塵絲，夭桃花幾枝。人辭襄水曲，舟發峴山時。外地長爲客，中心有所思。畫圖紛滿眼，愁絶不成詩。

對丁香花有感

中年惜春色，忽忽歲光徂。卯酒紅猶在，丁香澹欲無。天心殊〔一〕旦晚，人事異〔二〕榮枯。豈得同前哲，功名擅八區？

校記：〔一〕『殊』，劉大櫆集作『無』。〔二〕『異』，劉大櫆集作『有』。

襄陽春日

襄陽春日長，愁對碧〔一〕滄浪。流急轉嗚咽，嗚聲斷我腸。飛花復飛絮，垂柳又垂楊。持此芳時恨，遥傳到故鄉。

校記：〔一〕『碧』，劉大櫆集作『是』。

宿山寺

古寺一僧住，空山孤客來。禪扉懸絶壁，野月上荒臺。地迥星辰大，宵深鸛鶴哀。忽聞清磬發，欲去重遲回。

蜈磯

三國亡來久，夫人廟獨存。河山經百戰，事業少中原。慘淡南朝地，飄零蜀帝魂。只今祠樹上，晨夕野鵶喧。

登清涼山

南國偏安地，干戈幾驛騷。江連三水闊，峰斷二梁高。日月窺哀壑，魚龍舞怒濤。功名何足計？回首一鴻毛。

附五言摘句：隱居：『浦雲浮席起，樵路接簷開。』過山寺：『磬激流雲緩，花深宿鳥迷。』晚晴：『日邊雙鳥白，霞外一天青。』

陪盧運使宴集平山堂

樓臺俯瞰萬山蒼，北固烟巒接渺茫。千古醉翁長在眼，一時詞客又登堂。江流日夜争歸海，桂影蕭疏不滿牆。且凭闌干傾一斗，夢中誰暇問雷塘？

過揚州

長安塵土污衣裘，曉〔一〕夜歸心逐水流。三月春愁連碧草，一帆暝色下揚州。垂楊帶雨臨官道，畫角因風到客舟。燕市和歌成昨夢，青鞋又上酒家樓。

校記：〔一〕『曉』，劉大櫆集作『日』。

過望溪先生龍潭別墅

醉過西州涕淚并，鳥飛花落總無情。關西伯起殊多難，江左夷吾詎噉名？高安朱相國曾稱先生爲公孫僑、管夷吾一流人。誓欲相從慚九死，空聞會葬忝諸生。只今卮酒論經處，更有〔一〕何人一字評。

校記：〔一〕『有』，劉大櫆集作『得』。

獨遊古寺

宋朝蒼蔔林猶在，蕭寺栴檀閣半攲。疏雨落花危坐久，澮烟流水獨歸遲。青山缺處聞茶鼓，白鳥飛邊認酒旗。一片人家盡堪畫，試擎金粉付王維。

野望

山盤鳥道千峰外，地據龍舒萬壑西。似畫水田秧馬驟，連天雲樹竹雞章〔一〕。文章江左羞驚俗，事業隆中早杖藜。已分袖間長縮手，却看輪斲倍含悽。山谷超邁之作。

校記：〔一〕『章』，劉大櫆集作『啼』，是。

武昌雜詩

過雨高城暮色蒼，風烟千里鬱相望。戰餘赤壁江山勝，仙去洪崖鼎竈荒。王濬壯猷沉鐵鎖，庾公清興據胡牀。分明往事都如夢，愁對青天雁幾行。

庾亮自是武昌，鐵鎖事在金陵，去武昌較遠。

春日雜感　十一首之二

英年意氣與山高，轉眼皤然白首〔一〕搔。橫槊賦詩才已盡，據牀吹笛興猶豪。鷲虵自分行趨壑，炙轂何緣更出膏。慚愧堂堂標質在，衆人雖醉肯餔糟。

高樓獨坐每斜暉，春到鄉園有夢歸。燕不憎〔二〕人常對語，鳩將逐婦暫孤飛。時披玉笥探風角，肯抱金籠放雪衣。二十餘年客京洛，漫勞龜策早知非。

校記：〔一〕「首」，劉大櫆集作「髮」。〔二〕「憎」，劉大櫆集作「生」。

懷倪司城

當年攜手在燕郊，秋滿盧龍塞木彫。終日高歌凌碧落，有時被酒舞清宵。於今還往惟三户，回首鄉關隔九霄。欲過灞陵同買醉，漢家矜重霍嫖姚。

一氣旋轉，山谷集中最勝之作。

登黄鶴樓

飄零蹤跡來西楚，黄鵠山頭俯大荒。地湧樓臺侵斗極，天輸江漢下荆揚。野花爛漫空千樹，歸雁蕭條忽幾行。老去弟兄皆異域，獨將衰病〔一〕對殘陽。氣格蒼勁，極近放翁。

校記：〔一〕『病』，劉大槐集作『鬢』。

再到襄陽

荆襄形勝古今聞，漢晉英〔一〕賢出處分。高枕欲招龐隱士，征南猶憶杜將軍。鹿門望去青於染，嶓冢流來碧似雲。一歲重過真自愧，非商非士旅人群。

校記：〔一〕『英』，劉大櫆集作『名』。

真州作

鯉魚風急大江流，葉葉輕帆片片鷗。秋色萬家楓樹外，夕陽孤客古城頭。自憐短髮仍多病，天遣長裾更遠遊。憑吊不堪重極目，荻花蕭瑟滿邗溝。

附七言摘句：過左丈山莊：『家有大床常獨卧，世無驚浪得相歷。』均州晚泊：『路經水折山回處，人在飄風驟雨間。』過遠河灘：『亂石中流蹲馬象，桃花三月起魚龍。』送孫明府句：『把酒聽歌花似錦，論文起舞月如規。』

野　望

旅館逢寒食，登臨亦趂人。如何今日望，不似故鄉春。

雨後山行

新陽北嶺明，宿雨東林晦。怪底鳥聲幽，身行萬花内。

早　秋

夢裏鄉關近，欲歸心事違。秋風似相識，先動旅人衣。

獨　宿

江村黄葉飛，猶〔一〕掩蕭齋卧。時有捕魚人，艪聲窗外過。

校記：〔一〕『猶』，劉大櫆集作『獨』。

山居雜詩　四首之一

結廬在空山，山静似太古。層雲石上生，去作何方雨？

寄長命縷詩並答二首

宫綵長命縷，縈回五色絲。繫郎腰帶上，長得寄相思。
色與朝霞爛，絲隨暮雨飄。但能長命在，相見日非遥。

懊惱曲

種松巖石下，已失凌霄勢。男兒在他鄉，那能不憔悴〔一〕？

校記：〔一〕劉大槐集三、四句作『客遊江海間，便作長年計』。

大道曲

大道垂楊拂玉樓，歌聲唱徹小伊州。春衣無奈飛花污，十二珠簾總下鈎。

江南曲

山光如帶〔一〕草如茵，宛轉橋通曲水濱。楊柳樓臺春喚酒，櫻桃巷陌夜留人。

綺麗之作數篇，堪入令狐經進集。

校記：〔一〕『帶』，劉大槐集作『黛』。

擬王建宮詞

旭日舒光照上林，才官鬬射競從禽。回頭一笑雙雕落，飛騎齊頒少府金。

江　上

高挂蒲帆入窅冥，此身都似片雲停。晚來小立當船尾，忽有吴山相對青。

吴淞道中

吴淞江水遠蕭條，曾曳雲帆過畫橋。十二年來重繫艇，不聞池館夜吹簫。

逢棋客

風飄電轉晚雲浮，歷歷平生似夢游。猶有如皋棋客在，挑燈重與話揚州。

過崑山

江橋楓落酒旗間，高鳥長天去不還。一曲吴孃歌宛轉，瀟瀟暮雨過崑山。

漁人

江上漁人枕碧流，一聲高唱海門〔一〕秋。朝來偶憶焦山寺，直挂孤帆下潤州。

神來情來，無復强合。

校記：〔一〕『門』，劉大櫆集作『風』。

九子山圖

我家門外長江水，江水之南山萬重。今日却從圖畫上，青天遥望九芙蓉。

御溝水

御溝流水日潺潺，水自無心流自閒。縱使急流云得地，可能天上勝人間。

寄姚南青

家在菰蘆江水隈，十年飄蕩客金臺。人情已與江流遠，往事虚隨客夢來。

送弟

朔風吹雪上征鞍，脱粟晨炊且盡歡。此去天涯親異俗，更無兄弟勸加餐。

題壁

家在九華山下居，青天削出九芙蕖。木公毛女相還往，自著龍門太史書。

迮耕石評：『海峰不予欺也。』

江上

江上青山繡作堆，柴門終日鎖蒼苔。蓮當葉吐龜初上，桐及花時鳳正來。

寒食道中

寒食東風禁火新，亂山孤驛雨如塵。誰家楊柳遮樓閣，歌板聲聲不見人。

登　樓

夢斷空堂促織秋，瀟瀟風雨上層樓。不知客子愁多少，君看城烏盡白頭。

哭史秉中

我游我釣我爲文，何處相隨不見君？今日東風度寒食，棠梨花下有孤墳。

懷徐五不至

一室蕭條絶垢氛，與誰相對細論文。碧天萬里秋如水，過盡寒鴉不見君。

羈懷

明[一]月初升玉笛飄，羈懷入夜更無聊。盡將六代興亡淚，流入秦淮作暮潮。

校記：[一]『明』，劉大櫆集作『朗』。

訪胡山人

山中處士舊知音，水隔雲封不可尋。遥望人烟翠微裏，放船直過落花林。

送張秀峰

春明門外柳毵毵，無奈離人酒半酣。翻怪多才庾開府，爲誰辛苦憶江南？

劉容裕十首

劉容裕 字舒溪，號越布，有澄響堂詩稿。

述　懷

古人前千載，今人後千春。未識古人面，貴識古人心。嗟我躬耕久，織畚結芳鄰。荷畚入城市，售者何無人？東風吹古香，送我出城闉。禾苗濡甘雨，野卉繡深林。心焉沮與溺，應不棄同盟。

陸機思聞鶴，李斯念牽犬。一身爲將相，日計進通顯。那知赫赫時，早已罹巔蹇。從來安思危，亦知高慮險。風濤不到處，帆檣何由損。所以棟梁材，恒懼斧斤剪。古人有至言，君子戒盛滿。

聞倪果園新構書屋却寄

襟抱舒塵外，散步松路永。霖雨變時物，坼土抽新笋。惓懷念素心，俯瞰江千頃。恬波翻落霞，皓月散清影。沖襟滋瀟灑，曠宇儘馳騁。林棲緬遥天，爽氣横南嶺。

送俞芙亭回金陵

此身真莫定，又作石城行。野岸增新色，春江湧舊聲。稚恭才是彀，子敬筆堪耕。好我書常寄，何妨倒屣迎。

送澄江王京安之豫章　四首之一

不到西江久，經今十八秋。山光環衆壑，城影落春流。舊跡餘蒼蘚，新愁逐旅遊。杖藜知選勝，先過百花洲。

天柱峰

封禪隆南嶽，巍然一砫尊。參天歷今古，落影界乾坤。靈府削無迹，青鏤豎有痕。萬峰稱矗矗，差可列兒孫。

白天墀隨其尊甫赴灊陽

料得歸帆挂尚遥，探奇天柱入青霄。雲深烟靄尋三隱，珮冷香銷弔二喬。得意江花生翰墨，放懷丘錦托魚樵。喜君扶侍依鳩杖，客裏晨昏慰寂寥。

留别沛邑吴明府

裾分南浦自消魂，黄業黄花滿地繁。新水亂侵前去馬，夕陽投宿昨來村。烟迷遠岸思王嶺，雲起遥峰憶故園。明歲倘能遂初志，梅花洗盞待柴門。

懷吴澹堂明府　四首之一

蕭然一月擁蕪關，特訪琴僧破旅顔。芳草夕陽楊柳岸，隔江同眺皖公山。

春淮雜詩　四首之一

莫愁湖上莫愁游，碧水丹山擬十洲。香艷消沉亭榭寂，一川烟雨鎖春愁。

劉日繹一首

劉日繹　字□□，號六峰，乾隆間諸生。

長干寺觀月

衆山排列月當天，秋水盈盈塔影圓。野嶼平鋪千尺練，長橋横鎖一江烟。芰荷開處孤禽立，竹樹叢中古閣懸。夜静不知天地迥，酒酣亭畔枕雲眠。

劉姜夢六首

劉姜夢 字斗才，號東莊，乾隆間布衣。

送方七典北遊

襆被朝投店，芒鞋夜問津。可憐千里路，已是二毛人。風雨南天樹，鶯花北地春。別來如見憶，一紙寄將頻。

憶　友

握别纔三日，相思似隔年。片雲銜日斷，孤月入窗圓。鬚髮成前輩，文章望後賢。何當戛桂玉，午夜一燈懸。

舟次石溪遇雨

扁舟摇傍落花津，細雨東來石路新。楊柳幾家連小市，麥畦千頃簇遊人。山盤古寺多雲竇，袖拂春風少陌塵。謝屐克偕開霽後，登臨不惜賦詩頻。

草堂初成

沙土新挑半畝宫，鵂鶹暫託未圓融。隔江九子依籬下，出海朝暾入座中。閒課兒童消永晝，遍栽桃李度春風。茅簷自有天然趣，何必高閎比貴公。

遊齊山　六首之一

晴嵐朝染女蘿衣，小立層巒素影微。烟火萬家秋浦外，一行青鳥白雲歸。

舟泊九華門值雨

船窗遥望塔前峰，萬丈烟嵐曉霧封。曾記舊遊秋浦寺，老僧相伴一揞筇。

劉　憲五首

劉　憲　字棲麓，號養癡，乾隆間國子監生。姚惜抱澄響堂詩鈔序：『劉氏自廷評以下祖孫群從，奕世相衍，以詩文畫筆馳譽當代。其詩如廷評之沉鷙，深莊之流美，養癡之名貴，皆足爲言詩者之楷範。』

嘉州偶成

舟泊嘉陽岸，環城一水通。朝霞燻紺壁，江柳引清風。入市尋魚舅，沿溪訪竹公。涪翁名在石，方響易丁東。

登錦州城樓

梁燕空銜廢闕泥，故宫風雨草萋萋。江翻錦浪鴛鴦浴，竹列雲峰杜宇啼。附郭人家依碧水，沿溪柳樹囀黄鸝。草堂半畝城南地，猶羡詩人舊日棲。

八十初度感賦

謾誇危齒屬耆英，顔子何嘗羡老彭。白傅暫留權少住，裴公時至即須行。縱然祈死難逢死，未必貪生便保生。生寄死歸皆幻夢，幾人參得箇中情。

牛頭山

小憩籃輿坐翠微，殷勤老衲啟柴扉。曉鐘聲裏飛黄葉，昨夜山頭秋已歸。

廣元道中

小艇籠烟隔岸横，嘉陵江上斷人行。石亭城外葭萌道，多少秋聲雜雨聲。

劉先岸一首

劉先岸 字□□，號霽莊，乾隆時國學生。

登大觀亭

振衣上高亭，人在江之岸。白鳥破蒼烟，望盡南天半。

劉漢二首

劉　漢　字慕崑，號嶓東，乾隆間諸生，有挹嵐山館詩鈔。

邊　夜

風急響龍湫，懸弓上戍樓。飛來青海笛，吹老黑山秋。朔氣三邊動，寒光萬里浮。誰能馳匹馬，振策去湟陬。

舟過楊家石園

曉發三江外，飛行百里間。危峰將礙日，怪石欲離山。流水空今古，浮雲自往還。我來思舉首，一爲展愁顏。

四語與『野氣欲沉山』句同工。

劉　開五十四首

劉　開　字明東，號孟塗，嘉慶間諸生，有孟塗詩前、後集。姚鷹青撰劉孟塗傳：『孟塗幼孤，年十四以文謁惜抱先生，先生大奇之。其爲人落拓不羈，喜交遊。家貧無以爲養。奔走公卿間，四方賢士無不知有孟塗者，亦習舉子業，累試不獲售。常遊浙，過一古墓所，其碑題曰「宋處士劉開之墓」，孟塗矍然，似爲後身，且知己不能貴顯也。年四十一僑寓亳州，得腹疾不起，指佛殿頂葫蘆示客曰：「視月色中，乃吾去時也。」果以其時卒。喪歸，妻倪縊以殉。詩前集十卷，後集二十二卷。』陳方海撰孟塗傳：『孟塗生二歲而孤，母吴忍饑寒，撫育且教之。孟塗幼即神儁，長益好學。既遊惜抱姚公之門，名益著。皖籓某公欲妻以女，謝却之。孟塗節母之子宜當食報。然奔走四方幾三十年，卒以客死。所著續列女傳若干卷，雜著多未成書。』陳雪香評孟塗詩：『標舉興會，引發性靈，讀之使人心曠神怡。』王蕡山曰：『孟塗詩雄傑隽逸，語必驚人。仲則船山而外，拔戟自成一隊。』葉筠潭評孟塗詩：『縱横跌宕，脱去凡近，殆登青蓮之堂而嚌其胾者。』鄭夢白評孟塗：『天才縱逸，馳騁古今。其爲詩也，嘔心刳肝，及其成也，金石千聲，雲霞萬色。異哉！不得而涯涘之矣。』黎湛溪評：『與孟塗相見於浦中，盡讀其前、後集，古人中已不可得，何况眼前作者耶！留飲薄暮，談論風生。蓋河上久無此樂，惜相見之晚也。』姚惜抱集與劉明東書：『明東所用故事都不精切，只是隨手填入，姑摘其一聯云：誌公謂徐陵爲天上石麒麟，豈可易石爲玉？又陵官，非學士。學士，唐乃有此官耳。公孫弘與陵於鄙人絶不似，十字中而病痛已四五矣。近世如顧亭林所爲詩，用事精切之至，彼是學問人，故能如此。』璈按：孟塗少時光氣熊熊，所至輒傾倒其座人。韓桂舲尚書題其集曰：『詩才更超越，麗則宗三唐。紫蘭秀空谷，皓露含幽香。有時放直幹，天地争低昂。崩豁九霄霧，倒落千仞岡。腹擬萬卷拄，力可九鼎扛。』陳笠颿方伯題句曰：『江山有助供行卷，花鳥多情騁妙辭。』鮑覺生侍郎題句曰：『幻出雲霞生古色，濯來江漢發奇光。』又曰：『鏤月裁雲辭絶妙，驅山走海筆飛騰。』其爲諸公奬借如此。孟塗亦因自負，其所作以爲在今無對矣。余合觀其前、後集，大抵馳驟暢達是其所長，而浮淺凑率所短亦自難掩。至其酬應干謁之作，尤無君形者存。昔人云：詩有别才，非關學也。又云：讀書破萬卷，下筆如有神。則知古今成家者，天才駿發，尤在醞釀深厚。余故録惜抱先生之言，使知爲詩者，非可以空卷逞，而論詩者固自有格律在也。

雜興 六首之一

亭亭南山下，青桂蒙孤岑。芳菲久不采，乃有霜雪侵。高臺多朔氣，疾風無静林。鸞鶴自空來，側翼如悲吟。徘徊孤月間，倏忽隱層陰。光耀且難接，孰曰追遺音？

晚眺

薄暮出柴關，臨風過古渡。野鳥下空山，黄葉滿荒戍。欲訪故人居，雲暗前村路。

别雲朗

遭我中林下，偕我南澗濱。送我涉河水，踐彼石粼粼。回顧見君立，勞望感流蘋。豈子無他士，不如我所親。東門有楊柳，其葉沃且新。采之難贈遠，樹之永懷春。遵路以爲期，要子河之湑。

感遇 十八首之一

維地有四瀆，濟水先淪亡。獨清眾莫容，厥流遂不長。同類竟相並，嗤彼淮與黄。豈無伏地流，幽潛良足傷。高才被群謗，讒邪排善良。大川且不免，下士何慨慷。

『獨清』二語奇特。

邱貞女詞

缺月昏昏暗江汜，風刀劃斷雲千里。丹山石破文鳳催〔一〕，血濺桐花枯欲死。一死不盡百年心，願代夫君作男子。毀鏡折釵從此始，恨血斑斑淚痕紫。可堪縞素拜尊章，猶是香閨一女士。丹旐何來暮山址，痛哭荒郊憤泉起。薄命蕭郎竟已矣，卷草心拔〔二〕恨不止。千古寸衷有如此，此心一片澄江水。

校記：〔一〕『催』，劉開集作『摧』。〔二〕『心拔』，劉開集作『拔心』。

極肖昌谷。

薄命詞 爲澄波女士賦。

七彩烟開榆柳出，九光霞作層霄飾。瑤臺玉女三千人，絳閣蘭香推第一。偶因塵心謫九天，寄生乃在龍山前。龍山翠黛横空起，花氣如烟凝碧水。土郭參差暮靄間，女牆斜列春風裏。羅敷居在〔一〕東南隅，雕梁繡硅飾瓊琚。自是天孫臨水織，果然仙子愛樓居。芳年玉質餐冰雪，皎若輕霞浮皓魄。一枝瓊蕊出人間，三春桃李無顔色。紫蕉衫子曰〔二〕霓裳，雙鈎絲起五文章。錦帶斜連金翡翠，羅裾半展繡鴛鴦。自嗟弱命同衰草，南山喬木驚霜早。可憐萎〔三〕却北堂萱，瘦枝已逐秋風老。荒階蕭瑟碧苔深，空隨阿姆哭桐陰。人銜精衛千重恨，天與靈犀一點心。蔡姬妙達絲桐趣，謝女才堪詠飛絮。生來鸚鵡巧能言，不信芙蓉嬌有淚。芙蓉絶艷冠群英，桃園春色〔四〕共心傾。竇氏夫人求刺錦，趙家女史學彈箏。魚鱗幔〔五〕捲香烟暖，鳳尾釵横髻雲滿。沾衣不覺露華高，啼春每恨鶯聲短。陽鳥一去不可留，潯陽風信到江頭。宫亭湖畔妝初出，彭澤磯邊淚〔六〕欲收。已報青鸞離紫闕，更聞彩鳳下朱樓。玉簫一夜鳴金屋，水晶簾影揺紅燭。門前不羨火如星，月下但誇人似玉。石葉衣香散錦棚，臨風彷彿步虚聲。共道七襄〔七〕辭莞席，不妨三日作桃羹。宜家自協風人詠，寶瑟聲和識芳信〔八〕。

菊葉銘成香滿懷，海棠睡醒愁〔九〕生鏡。從此鶯閨曙氣新，紅羅紫綺艷青春。瓊舟銀海燦金谷，冰鏡銅盤輝玉津。畫堂竟夜香生牖，猶復朝朝悲阿母。聞道西風病碁寒，巫雲剪付丹爐酒〔十〕。武夷仙樂將鳴秋，熊羆夢入蕙花幬。瓊林珠樹萌芳〔十一〕島，香風文露下瀛洲。五雲車軫連平里，客來争慶甯馨子。蝴蝶筵開北海樽，孔雀屏迎東郭履。良會芳塵〔十二〕能幾何？坐看繡壤起滄波。藍田美璧成黄土，赤水明珠歸絳河。雪膚花貌今何在？彩雲無定隨風改。一時踪跡託紅塵，十〔十三〕載香魂依碧海。尚有珊瑚插翠鈿，薔薇露氣生寒烟。蓬山不辨來時路，弱水誰尋去後船？銅龍鐵馬長悲咽，梧葉滿階秋瑟瑟。空餘玉杵搗霜人，泣盡杜鵑枝上月。素車丹旐出郊門，棠梨風起悵黄昏。脂埋野塜生花液，火走空林認淚痕。香殘錦碎愁多少，夢雨迷天春〔十四〕不曉。一雙翠羽作灰飛，二八紅芳如電掃。回首高亭落日斜，香櫳猶是舊兒家。金雞幃接三雲帳，火鳳音沉七寶車〔十五〕。西河萬里無蒲節，東海三年成旱烈〔十六〕。綠衣當日杜黄裳，爲感知音傷永别。陽春舉目事皆非，王孫何必怨芳菲。請看今日萍生水，昨夜楊花開滿枝。

彷彿吴梅村永和宫之作。

校記：〔一〕『居在』，劉開集作『家本』。〔二〕『曰』，劉開集作『白』。〔三〕『萎』，劉開集作『遺』。〔四〕『春色』，劉開集作『眷屬』。〔五〕『幔』，劉開集作『幕』。〔六〕『淚』，劉開集作『浪』。〔七〕『裏』，劉開集作『宵』。〔八〕『信』，劉開集作『性』。〔九〕『醒愁』，劉開集作『起雲』。〔十〕『酒』，劉開集作『火』。〔十一〕『芳』，劉開集作『瑤』。〔十二〕『塵』，劉開集作『長』。〔十三〕『十』，劉開集作『千』。〔十四〕『天春』，劉開集作『春天』。〔十五〕『火鳳』句下，劉開集有『珠璫不解鄭交甫，玉簡徒思萼緑華』。〔十六〕『三年成旱烈』，劉開集作『婦人芝已竭』。

過婁妃墓

千〔一〕年戈船一戰已，玉顏獨自沉江底。君王不聽賤妾言，身葬江魚心不死。宸濠非故生禍胎，謀乘〔二〕武廟荒淫來。燕藩舊變乾坤局，此例如何可再開。化家爲國豈細事，人力竟不度天意。花月朱門懶晏眠，斷送顱頭等〔三〕兒戲。閨中苦諫偏執迷，誤認鸞凰作牝雞。賄盡宫中徒破産，臨危痛哭記妃〔四〕啼。亦知當日乘機起，事後論人誤青史。若非上游王伯安，直指南都事成矣。解識神器有定歸，百萬軍輸一女子。貞魂冷落傍江濱，寒食何曾〔五〕麥飯陳？墓前歲歲〔六〕閒花草，泣盡〔七〕東風虞美人。

校記：〔一〕『千』，劉開集作『十』。〔二〕『乘』，劉開集作『因』。〔三〕『等』，劉開集作『太』。〔四〕『妃』，劉開集作『妻』。〔五〕『曾』，劉開集作『人』。〔六〕『歲歲』，劉開集作『不種』。〔七〕『泣盡』，劉開集作『愛近』。

悲哉甲戌行

父老相見但流涕，悲哉今兹〔一〕逢惡歲。昔年瘡痍未能〔二〕復，如何旱魃更爲厲。火雲下燒陂池乾，大地正熱人心寒。禾苗枯死衣典盡，十户九户無朝餐。野藕鋤湖〔三〕汗流頰，更剥榆皮作生業。不獨牛羊性命殘，可憐老樹亦遭劫。此時千里窮富平，饑民滿路縱復〔四〕横。嗷嗷鴻雁叫中野〔五〕，誰家村巷來哭聲。老翁病死方未葬，且鬻妻女聊偷〔六〕生。生離死别在頃〔七〕刻，此際遑論事重輕。語罷痛哭哭且語〔八〕，聽者淚下〔九〕難爲情。我聞〔十〕救荒無奇策，策在豫備非旦夕。常平倉立原爲民，臨時調劑亦有〔十一〕益。東鄰昨日趨市廛，斗米如珠空垂涎。領來捐賑錢幾陌〔十二〕，饑軀止可三日延。頗聞鄰廬有婦去鄉里〔十三〕，足弱何能遠流徙。困饑徒向草間坐〔十四〕，綳兒懷内啼難已〔十五〕。自分流離踣道旁〔十六〕，抱兒直赴長河水。又聞距城百里有老農，平時温飽氣頗雄。一旦女家往稱貸，歸來羞忿嫌空空〔十七〕。殺雞食衆潛置毒，八口狼藉尸血紅〔十八〕。吁嗟呼！水火菽粟資民生，補救旱潦誰當管〔十九〕？百萬生命懸上清〔二十〕，諸君看我甲戌行。

言哀已歎，亦次山舂陵之遺。

校記：〔一〕『茲』，劉開集作『又』。〔二〕『能』，劉開集作『全』。〔三〕『湖』，劉開集作『罷』。〔四〕『滿路縱復』，劉開集作『道路紛縱』。〔五〕『叫中野』，劉開集作『尚遠征』。〔六〕『偷』，劉開集作『延』。〔七〕『在頃』，劉開集作『聚一』。〔八〕此句，劉開集作『哀語未罷復痛哭』。〔九〕『聽者淚下』，劉開集作『徒令聽者』。〔九〕句下有『我聞貧兒恃行乞，今雖行乞難存活。平原一望炊烟稀，幾家有食能療饑？道遠走困神力疲，坐委蔓草人不知』。〔十〕『我聞』，劉開集作『古稱』。〔十一〕『有』，劉開集作『可』。〔十二〕『捐賑錢幾陌』，劉開集作『二月捐賑錢』。〔十三〕此句，劉開集作『君不聞，廬江婦去鄉里』。〔十四〕『徒』，劉開集作『且』；『坐』作『止』。〔十五〕『綳』，劉開集作『嬌』；『内』作『中』；『難』作『不』。〔十六〕『踣道旁』，劉開集作『必路死』。〔十七〕『空空』，劉開集作『手空』。〔十八〕此句下，劉開集有『安得焚香請蒼穹，下令雨粟遍寰中，頓教雪後生春風』。〔十九〕此二句，劉開集作『人家粟盡如火水，李悝之書廢亦可』。〔二十〕『百萬』句，劉開集作『不然百萬民命懸太清』。

衰柳詞

柳株摇曳媚江汜，春烟壓重扶難起。只爲關心管別離，轉教摧折秋風裏。秋風蕭瑟花減芳，柳枝嬝嬝臨殘陽。三眠枉説當時事，未向東風夢一場。水雲姿態花情性，偏喜紅桃相掩映。收盡人間二月愁，可憐張緒曾同病。柔不禁春質似烟，修眉共月鬥嬋娟。沾來南海瓶中露，嬌怯時如弱小年。三春尤物春憐否？風流宜入才人手。一綫春光萬種情，啼鶯無福能消受。幽懷未遂秋先知，抵死涼飈日夜吹。纖腰本自無多力，况值霜天瘦損〔一〕時。生死死爲誰苦，秋來憔悴愁〔二〕難語。霧鎖重幃曉不開〔三〕，寸絲百結何能吐。昔年悔種近銀河，腰瘦眉凝逐逝波〔四〕。多情零落〔五〕還相憶，薄命天人共折磨。榮枯聚散真難測，媚人無復三春色〔六〕。入水飛花看作萍〔七〕，春愁點點儂猶識。

即物即人，噓枯吹生。

校記：〔一〕『損』，劉開集作『捐』。〔二〕『難愁』，劉開集作『總無』。此句下有『曉寒見逼太悽楚』。〔三〕『重幃曉不開』，劉開集作『重重敢飛舞』。〔四〕此句，劉開集作『翻比人世多風波』。下有『望君不見奈愁何，鬢雲緑褪空峩峩』。〔五〕『零落』，劉開集作『瀛海』。〔六〕此句，劉開集作『窺人無復舊顔色』。〔七〕此句，劉開集作『飛花入水久爲萍』。

周南卿品茶圖

午窗睡起閒花落，酒香不解愁〔一〕懷渴。茶鐺風細爐烟清，半甌緑淺濃如酪。東坡劇愛密雲龍，君之嗜好毋乃同。茶經熟讀意未足，製器精巧非人工。飲雖小道亦師古，我酹〔二〕杜康君陸羽。座上休誇醒酒功，酌久纔知味甘苦。品茶品水須两全，水清宜用活火煎。問君日試西湖水，何似金山第一泉。似鼉无咎、張文潛合作。

校記：〔一〕『愁』，劉開集作『秋』。〔二〕『酌』，劉開集作『宗』。

皖城即事

霜重草驚秋，江平月不流。亂雲穿夾岸，遠火辨孤舟。舊雨書千里，新愁葉一樓。天涯多少淚，不寄海西頭。

閨情

高樹夜涼起，小樓秋思長。含情問鸚鵡，伏枕夢鴛鴦。露滴自成響，衾寒猶有芳。妾身似秋草，摇落不勝霜。

得家書有感

滿地秋聲起，故山風露高。可憐兒長大，不慰母劬勞。自惜〔一〕嘗熊膽，旁人説鳳毛。那知霄路遠，日夕走風濤。

孟塗母氏吴門學能文，孟塗少時皆秉母教。

校記：〔一〕「惜」，劉開集作「昔」。

夜泊有感

斷山連絶岸，修閣倚重霄。夜氣難爲月，江聲不讓潮。望窮空際樹，聽到曲中簫。欲問朱樓客，酣情〔一〕幾暮朝。

四語警鍊。

校記：〔一〕「情」，劉開集作「歌」。

讀史雜詠　二十二首之一

俠少三河客，城虛五步樓。難留鸚鵡粒，但典鸘鷞[一]裘。禾黍中原地，桑麻幾處秋。古來丞相重，只號富民侯。

校記：〔一〕「鸘鷞」，劉開集作「驌驦」。

寄石甫

苦恨青山路，偏從客裏過。異鄉惟爾我，遠夢有關河。飛雁隔年到，秋聲雜雨多。離情言不盡，各自慎風波。

懷陳大治

蕭蕭木葉下，嫋嫋秋風多。芳草正懷遠，空江寒欲波。芙蓉隱[一]天末，蘿薜帶[二]山阿。

嗟爾蹇修子，雲冠空自峩。

校記：〔一〕『隱』，劉開集作『望』。〔二〕『帶』，劉開集作『隱』。

左匡叔光栗園張小阮姚石甫秦淮夜集

薄酒不成醉，微風驚乍寒。高齋愁日晚，暝色起雲端。坐久轉無語，情深難盡歡。素心誰可託，憔悴楚江蘭。

老馬和友人

歷遍人間險，康衢亦太行。雄心支歲月，絕足飽風霜。一顧恩猶在，三邊願未償。平生論駕馭，低首只王良。

即事

繡屋籠深霧，高樓傍晚霞。鴛鴦依澤國，孔雀住人家。地暖宜裁玉〔一〕，田多但種花。驚心紅紫遍，無處覓桑麻。

茉莉香纏鬢，檳榔樹繞廬。佳人多識字，貧女善鐫書。紫硯心憐久，青瑤手校餘。海天增韻事，佳話補樵漁。

校記：〔一〕『玉』，劉開集作『竹』。

游白雲崖

我被白雲引，來從崖下游。此身疑出世，古佛不知秋。寺冷僧偏熱，山貧客亦愁。生平慕幽靜，豈惜一宵留？

潁州感賦 八首之二

三十六峰秋到門，獨騎瘦馬走遥村。投林倦鳥驚風雨，出岫浮雲變曉昏。碧水東移非舊壑，黄塵北望是中原。壯游自古男兒事，况有文章謁謝琨。起勢嫖忽，何處得來？登高目送飛雲出，吊古心同片月孤。决水幾時穿繡壤，陽泉有跡没平蕪。城南曉色空池館，天末涼風自竹梧。千載潁川雄傑地，奇才誰繼管夷吾？

擬古

妾家深院接高梁，門對城南水一方。幾曲珠簾初見日〔一〕，三春蘭蕙正餘芳。曉烏啼罷風生樹，秋燕歸時夜欲霜。侍女添香又吹笛，不知更漏爲誰長？

校記：〔一〕『日』，劉開集作『月』。

歸至途中有感 四首之一

左徒曾戴切雲冠，供奉空持釣月竿。國士名高輸駿〔一〕骨，故人情重累猪肝。臨風蒲柳秋先落，出水芙蓉露不乾。終是江南行樂地，幾回搔首碧雲端。

校記：〔一〕「駿」，劉開集作「馬」。

聞李蘇門病目感而有賦 五首之一

孤桐墜葉已南州，日暮秋心感舊游。仕宦能貧真我輩，風塵失意作名流。飄零文豈遺青史，偃蹇官慚到白頭。困躓不須頻自惜，古來李廣未封侯。

江 上

予愁渺渺涉江河，心欲高飛阻逝波。南國有芳曾手折，東方未露且顏酡。醉看落月崇蘭汎，歌到秋風白芷多。起舞臨流問舟子，玉衡低指夜如何？

漫　賦

只合空山賦白駒，誰令高閣坐青蒲。入籠我自憐鸚鵡，對酒人偏唱鷓鴣。千里西江虛汲水，三年南郭悔吹竽。題詩欲倩長康筆，爲寫龍眠聽雨圖。

志　感　三首之一

鵲臺風冷七香車，鳳嶺雲迷五色霞。來是人間紅杏雨，去爲天上碧桃花。金環寂寞羊權室，玉簡飄零張碩家。賴有階前珠樹在，他時春暖發瑤華。

揚州雜感　八首之一

茱萸灣口影澄鮮，豆蔻梢頭春可憐。水調尚傳歌吹地，酒旗空映夕陽天。一秋潮信思枚叔，三月烟花問謫仙。每上蘭橈更回首，竹西近在碧雲邊。

呈韓桂舲中丞

曳裾久願識荆州，一見真輕萬户侯。星過斗南輝上國，海從天外納群流。陽春此地無今古，多士因公卜去留。見説芙〔一〕蓉紅近府，幨幃遥望果瀛洲。

次句切姓，三、四切粤，雖復應酬，氣概自偉。

校記：〔一〕「芙」，劉開集作「池」。

扺金陵

玉樹瓊枝久寂寥，秦淮五度聽吹簫。一圭剩〔一〕粉迷三楚，半局殘棋盡六朝。大令歌詞沉暮雨，莫愁居處近寒潮。臙脂巷外〔二〕斜陽晚，更訪清溪到板橋。

校記：〔一〕「剩」，劉開集作「棄」。〔二〕「外」，劉開集作「口」。

喜徐六驤農部歸里賦〔一〕贈

翔鳳凌霄振羽翰，江花春落彩雲端。歸來舊雨仍年少，別去長安識路難。八載雲烟驚舊著〔二〕，一樽懷抱對春寒。金倉早繫君王念，珍重台郎待濟艱。

校記：〔一〕『賦』，劉開集作『即』。〔二〕『舊著』，劉開集作『著草』。

淮城有感　四首之一

金堤一線接江皋，澤國西風起暮濤。雁下雲中先客渡，河從天半壓城高。全淮地勢陰寒集，旅館春心去住勞。不信玄龍生此土〔一〕，只〔二〕今意氣復誰豪？

校記：〔一〕『土』，劉開集作『處』。〔二〕『只』，劉開集作『到』。

中州懷古　七首之一

步兵痛哭爲途窮，廣武山前眼界空。未必成名皆豎子，由來命〔一〕世少英雄。風雲寥落千年内，人世蒼茫一歎中。莫向戰場論勝負，幾人遺恨付高穹。

校記：〔一〕「命」，劉開集作「顯」。

西湖偶成〔一〕

花别斜陽柳折枝，尋芳真恨我來〔二〕遲。六橋名勝仍千古，十里風烟足四時。士女行游皆是畫，湖山太好轉難詩。岳王墳畔愁多少，寫入春情總不宜。

校記：〔一〕「成」，劉開集作「句」。〔二〕「游皆」，劉開集作「來都」。

自舒城抵六安州〔一〕

淒涼祠宇問城東，邁種庭堅祀未崇。才子古來唯岳牧〔二〕，黔徒時至亦〔三〕英雄。風雲炎漢功誰惜，日月中天運尚同。明德千秋亦寥落，詞人何事怨途窮。

虞漢兩對出語渾成，非徒運事清切。

校記：〔一〕「州」後，劉開集有「有懷」二字。〔二〕「岳牧」，劉開集作「帝佐」。〔三〕「亦」，劉開集作

「即」。

將遊亳州留别海樹太守

新承天語出明光，剖竹淮西重保障。汝水雙流歸潁郡，宜城千里訪歐陽。雄風破賊論功伐，藻筆回春補宋唐。此去龍眠逢雪夜，題詩遥憶聚星堂。

寄懷王賔麓先生

滄海流無際，吾鄉自典型。眼青惟國士，頭白抱遺經。特出〔一〕宗嵠岱，群流别渭涇。有聲勝北闕，壯氣絶西溟。落筆風兼雨，傾詞峽走霆。中郎碑可識，太室鼎能銘。自是珍和璧，何由貢漢廷？一官心不展，千里步終停。苜蓿餐空飽，蘭蘅鬱不馨。鄭虔才獨絶，屈子恨徒醒。臺省諸公在，鈞韶此處聆。士林存碩望，江漢惜英靈。在昔棲雲閣，深宵〔二〕見德星。緑天曾共處，白雪許同聽。每嘆霜寒匣，深嗟刃發硎。論交原白日，結契久蒼冥〔三〕。刖足空憐驥，關心問聚螢。笑談成往跡，離合總流萍。賤子瞻喬岳，先生納寸莛。斯言豈河漢，吾道未孤零。

校記：〔一〕『特出』，劉開集作『出地』。〔二〕『深宵』，劉開集作『涼秋』。〔三〕『冥』，劉開集作『旻』。

閨情

昨日君書來，云到江干渡〔一〕。遣人去江頭，不知可相遇？

校記：〔一〕此句，劉開集作『云歸到江渡』。

宴集

璧月揚寒光，銀燈夜未央。彩雲知我意，不肯出雕梁。

采蓮曲

儂家石城西，水繞橫塘路。溪上諸女郎，相邀采蓮去。

荷衣映日鮮，湖水清如許。戲水見鴛鴦，低頭默無語。

相逢

未識相逢樂，徒增送遠悲。早知終是別，不敢望郎歸。

雜憶　十首之一

儂有名香串，紅珠百八〔一〕圓。贈君無別〔二〕語，懷此已三年。

校記：〔一〕『百八』，劉開集作『粒粒』。〔二〕『別』，劉開集作『一』。

有懷

買得江頭一葉舟，年年欲向浙東游。秋風未起芙蓉老，落月無聲水自愁。

席上贈歌者 四首之一

黄金爲液玉爲漿，持向樽前勸客嘗。今夜月明須盡飲，梧桐秋露未成霜。

寄懷倪穎符

日日東風長碧蕪，陌頭芳草近城隅。扁舟不泛雷陽月，辜負桃花五〔一〕百株。

校記：〔一〕『五』，劉開集作『七』。

樅江道中

桃花滿樹亂鶯啼，芳草連雲緑正齊。三月春衣猶未换，暮寒人在酒樓西。

將抵里門阻雨

故園咫尺隔雲霄，人立空亭話寂寥。不是青山行未盡，馬頭十日雨蕭蕭。

海虞口占

海虞曉色傍城開，山勢參差壓駿〔一〕臺。界斷烟巒青一角，風光齊到女牆來。

校記：〔一〕『壓駿』，劉開集作『欲壓』。

過虞山有懷

絳雲勝迹久滄桑，故址人猶認夕陽。紅豆山莊自來去，多情只吊柳枝娘。

寄陳伯游叔安昆季

自別江天入楚雲，瑶琴有曲更誰聞？相思不覺春寒重，手折梅花欲寄君。

劉光熙九首

劉光熙 原名敏，字曙園，号恬山，嘉慶間貢生，官岳州知府，有曙園詩選。

詠古 六首之一

子房忠孝人，少年工用奇。盛氣蔑秦帝，淩空試一椎。能椎復能避，陰謀神鬼施。迨其納履後，未嘗不心危。隱忍沛公來，非復盛氣時。沛公真豁達，生平不自期。嘗言三人傑，吾得而用之。蕭韓猶將相，子房如賓師。呼字而不名，脱然絶等夷。良由子房慎，行藏無可疑。始終曰爲韓，大義千載垂。功成從赤松，王侯棄若遺。

月夜上湞陽峽泊挂榜山下

下峽如建瓴，上峽如緣壁。水面石生棱，奔波想觸激。殘冬風日寒，入暮雲沙黑。舟人尚惶恐，客子彌兢惕。明月海上來，皎皎挂空碧。眾篙齊入水，月影散千億。不畏水有鋒，能使舟生翼。舟如破石起，其間不容隙。崖邊視篙眼，蜂窩羅歷歷。沽酒坐船頭，歎息篙工力。

劉氏銅像

古屋陰廊雲幕垂，雕檐蝠跡圍朱絲。是何王者雄且傑，云是劉氏父子相追隨。憶昔嶠南高築天子宮，昭陽殿裏流春風。真珠瑟瑟燒沉水，山河錦繡花飛紅。一朝自署降王長，青蓋黃旗大梁往。殿前執棒效馳驅，歸命獨能先煜昶。恩赦當年稱故侯，豈有魂魄歸故丘。遺像至今依古觀，幸無荆棘生人愁。君不見紇千山頭夜凍雀，何不飛去生處樂。一時負販盡王侯，三嘆神傷雲漠漠。

生日誌感

去歲懸弧日，慈顔笑語和。自言年未邁，喜汝過無多。半載悲風木，孤身感蔚莪。悠悠歸路遠，涕淚灑關河。

度嶺

歸值梅殘候，猶餘驛路芬。半天驚石破，一雨已春分。澗草齊修竹，炊烟補斷雲。淩虚試長嘯，猿鶴定先聞。

渡臨淮

淡烟疏雨草如茵，立馬堤邊一問津。淮北淮南此分水，垂楊垂柳綰行人。風聲杳渺趨河曲，山勢巃嵸接壽春。聞道此邦好桑苧，輪蹄無那逐風塵。

風調翩翩，近似虞楊。

黄天蕩

驚心三字早投戈，江上猶餘怒作波。士卒使船如使馬，將軍知戰不知和。行間樹鼓紅顔少，終古撼山白浪多。千載空懷驢背客，中流擊楫悵如何？三、四本色語，作對警切。

諸同人集飲雲泉山館

探幽先怯雨連朝，小霽猶嫌霧未消。附郭好山青不斷，畏寒春鳥語難嬌。東風酒暖依蒲澗，南浦人歸悵柳橋。自笑塵勞徒碌碌，白雲回首羡詩樵。

東光舟次

緑楊陰裏兩三村，一帶灣環水繞門。微雨才過秋氣爽，夕陽紅到蓼花根。

劉延禧二首

劉延禧　字孟祺，號臺山，年二十四卒。

珠江曲

珠江水滿春潮平，珠江一碧波光清。明珠百琲不可拾，當頭海月何盈盈。海東月出暮潮生，海珠寺側樓船横。蜑兒扣舷歌一曲，咿唔啁啾難爲聽。誰家樓閣結瑤瓊，燈光月色相晶熒。華筵羅列夜張樂，吴謳越歈争新聲。在昔劉王據仙城，一時歌舞香風春。明眸皓齒鬭佳麗，蘭橈桂槳嬉芳晨。禹餘宫外忽屯兵，空見降王署長名。至今留得離宫月，猶照珠江萬古情。

五羊石　廣州古蹟五首之一

仙人來去幾滄桑，五石何時叱作羊。劫火暗回烹胛夢，墮星留鎮古蠻疆。鞭痕一徑春苔澁，珠彩千年夕照荒。穊穗久聞兆豐瑞，海天風捲隴雲黄。

劉汝楫九首

劉汝楫 字子琴，號悔庵，諸生，早卒，有三夢鶴堂遺草。黄文涵劉子琴別傳：『子琴生而奇穎，性厭俗，有超世之致。居金陵，室有園曰安園，中貯書十數厨，靡不瀏覽。然清羸善病，恒鬱鬱，以不獲有所樹立爲恨。慕才若渴，又慷慨負節義。衣布履葛，意豁如也。幼即能詩，長益工。己丑春病，服藥誤，神益瘁，時三夢騎鶴遊海上，遂卒，年二十有一。』劉嵐峰觀察：『少時徒步遊粤東，以經理洋船，互市致貲鉅億。然每以讀書未卒業爲憾。其家塾課子弟督之甚勤。道光戊子長孫保泰舉孝廉，子琴其次孫也。惜年甫冠早夭，此高仲武所歎長轡未騁、芳蘭早凋者，然其清才幼慧，亦張純、李賀之亞次矣。』

苦寒行

欲雪不雪天昏昏，居人白晝潛閉門。室中寒火炙不温，饑鼯人立人鴟蹲。須臾半天飛霰雪，北風吹檐檐瓦裂。漏牀僵卧臂如鐵，敗絮淋漓裹瘡血。終朝凍餒腹且枵，老妻泣涕兒哀號。下階伏地齧腐蒿，門前雪積窗櫺高。朱門主人夜張樂，酒酣猶覺金貂薄。華堂傾盡金叵羅，安知門外餓殍多。

子琴席貲豐厚，而軫念饑寒如此藹摯，使永其年，見於設施，當必有被其澤者。

春曉懷子湘 四首之一

滿地綠楊影，春光分兩家。有時西澗水，流出隔牆花。遠岫當窗峭，修林帶屋斜。桃源如許到，擬訪武陵霞。

書齋即景

風寒深院裏，簾捲小樓西。天闊水光接，月高人影低。嫩花經雨凍，老樹帶雲齊。落葉幾聲碎，隔林饑鳥啼。

送笠槐之羊城

東風過嶺暖紅蘇，開遍梅花十萬株。灘過萬安三尺淺，山餘建業一峰孤。滕王閣在無蝴蝶，粵帝臺空有鷓鴣。此去江南無遠近，明朝歸夢在三吳。

燕子磯題壁

片帆影度夕陽亭，十里雲峰到畫屏。大野潮吞諸岸緑，長江天入一窗青。石多題句僧都韻，寺近名山佛亦靈。回望南來舊遊處，東風習習雨冥冥。

山　遠

山遠惟見烟，烟深出樵語。蒼鼠晝驚人，藤花墜如雨。

上台洞

雲過枕簟涼，風來軒牖敞。門對夕陽山，半窗帆影上。

春　霽

東風吹雨緑冥冥，一夜垂楊盡染青。寒翠滿簾鶯喚捲，曉山如夢睡初醒。

見晚香玉有感

艷絶簪花字幾行，詠花人轉爲花傷。少年一樣温如玉，偏向秋風怨晚香。

卷二十六

蘇惇元　王樾
吴元甲　吴民鑑　同校

左光斗十七首

左光斗　字共之，號蒼嶼，萬曆丁未進士，官左僉都御史，贈右副都御史，再贈太子少保，謚忠毅，有集。明詩綜系傳：『公由進士授中書舍人，擢浙江道御史，升大理寺丞，進少卿，終左僉都御史，死璫禍，贈太子少保、右副都御史，謚忠毅。』明史本傳：『萬曆三十五年進士，選授御史，巡視中城，捕治吏部豪惡吏，獲假印七十餘，假官一百餘人。出理屯田，力興水利，因條上十四議。光宗崩，李選侍據乾清宫，光斗上言，力請移宫，與楊漣協心建議，排閹奴，扶沖主，宸極獲正，由是朝野並稱爲「楊左」。天啟元年拜左僉都御史。是時韓爌、趙南星、高攀龍、楊漣、鄭三俊、李邦華、魏大中，咸居要地。光斗與相得，務爲危言覈論，甄別流品，正人咸賴之，而忌者浸不能容。會擬奏劾魏忠賢、魏廣微三十二斬罪未上，忠賢詗知，先與漣俱削籍，而傳櫆、崔呈秀、阮大鋮謀構汪文言獄，入其名，往逮，父老子弟擁馬首，號哭聲震原野。及誣以熊廷弼賄，容城孫奇逢與定興鹿正，以光斗有德於畿輔，倡議醵金，諸生爭應之，得金數千，謀代輸，而光斗與漣已爲獄卒所斃，年五十一。』通鑑輯覽：『熹宗五年六月，逮前僉都御史左光斗，下詔獄，尋斃之。魏忠賢用徐大化策，坐光斗以納熊廷弼賕二萬，許顯純非法拷掠，血肉狼藉，至七月光斗與漣同爲獄卒所斃。』王士正居易録：『左忠毅公視北畿學有知人鑒，凡所題品往往奇中。史公可法年少貌寢，公拔之爲童子冠，勉之曰：「善自愛，將來社稷臣也。」後卒如其言。』方望溪集紀忠毅公逸事：『公視學京畿，一日微行至古寺廡下，一生伏案卧，文方成草，公閱畢，叩之寺僧，則史公可法也。及試，遂署第一，曰：「他日繼吾志事，惟此生耳。」公卒後，史公治兵往來桐城，必躬造左公第，候太公太母起居，拜夫人於堂上。』史忠正集祭左忠毅公文曰：『吾師生平著作，獨取法於韓歐，報國孤忠，嘗自方於陳竇，文章氣節，蓋海内正人君子所共尊也。師提衡冀北，不以某爲不才，而拔之以冠郡，且因某之貧而館之官邸中。每公餘即相抵掌時事，辨論古今，不啻家人父子之歡。』姚休那曰：『忠毅公生平所謳頌者，一楊公椒山，故顔其堂曰㗉椒。』明史藝文志：『左光斗奏疏三卷、文集五卷。』朱彝尊静志居詩話：『萬忠貞之死，忠毅哭之以詩，有云：「我有白簡繼君起，與君同遊杖下矣。丹心留在天壤間，默默之生不如死。」是亦不愧其言者也。詩多晚唐風韻，如「濕雲留野樹，晴雪點征衣」；「凍犬迎人返，飢烏下食齊」；「一觴邀老友，隨意發新歌」；「過雨煤錢長，將炎水價添」；「野牆藤蓋瓦，村落樹爲橋」；「問節驚初度，思親改歲華」；「疲驢衝道路，破帽出都門」。宛然鄭都官、姚少監風格』。宋俊柳亭詩話：『孫文忠南陽集有三十五忠詩，左忠毅其一也。忠毅送楊大洪歸里詩：「觸階流血君方見，叩闔排簾宫始移。」痛定思痛，亦未知後日之禍如是之烈也。及檻車至濠梁得大洪書詩，含淚看書猶罵賊，同心共請，祇呼天觀。』陳黄門作忠毅公集序：『當日情形，詎獨一忠賢哉！黨惡之罪，舍微、秀，其誰歸？』。方震孺左忠毅公集序：『熹宗朝貂璫亂政，太阿倒持，卒能消移鼎之謀，正參夷之罰，公與楊公折其勢也。當鼎湖初升之際，主少國疑之時，武壆垂簾，浸成房州之禍；公獨奮争，典禮彈文首上。由是晨雞移宫，飛龍正位，取日虞淵，功在社稷。蓋公沉深有大略。會京貫交闕，腹心爪牙，絲蘿蔓引，告密排擠，而憸人以謀，吏垣事洩，教猱逐虎，公與魏公其首也。坐以封疆贓罪，箠償之，肌肉消蝕，金木雜下無已時，夜半囊沙死矣。甚矣！忠臣可爲而不可爲也，仁人君子讀其書，思其人，有不爲之嗚咽流涕者乎！』

詠懷示繆西溪　四首之一　御選明詩録

玄鹿遵長林，白鶴舞晴雪。山中有神人，避世修隱訣。呼吸通神明，坐對忘寒熱。出世君何長，入世我何拙。煩師指病根，迷途頓悟徹。長途〔一〕進雙履，霜飛水凍洌。

校記：〔一〕『途』，龍眠風雅作『路』。

過浮山

五載浮山路，經過復此隈。芙蓉當面出，島嶼泛潮來。集作『嵐氣繞輿來』。邱壑吾將老，風塵爾故催。最憐秋色遠，行矣首重回。

雪霽道中口號 御選明詩録

出郭舒新望，搴帷對夕暉。濕雲留野樹，晴雪照征衣。寒力催梅發，春晴入草微。集作『臘近梅爭放，春生柳欲歸。』故山有茅屋，鎮日未開扉。集作『何如田舍適，高日掩柴扉。』

九日懷方玉成

生事何爲拙？深秋滯遠歸。黄花隔鄉縣，鴻雁故分飛。何處登高酒？新寒寄遠衣〔一〕。寂寥任閉户〔二〕，無意蟹魚肥。

校記：〔一〕此句，龍眠風雅作『寒砧寄到衣』。〔二〕此句，龍眠風雅作『因君余閉户』。

憶龍眠山居　明詩綜選

卜築傍龍眠，雲深一徑穿。源窮纔見屋，山盡忽開田。芋栗栽新熟〔一〕，芻蕘往舊便〔二〕。笑余緣底事，一别動經年。

校記：〔一〕『栽新熟』，龍眠風雅作『新栽得』。〔二〕『往舊便』，龍眠風雅作『任往焉』。

九龍池

削壁嵌山幽，池平過雨收。青天萬馬驟，白日九龍游。湛影涵金鏡，深源接御溝。萬年芳澤在，不獨共藏舟。

送劉燕及嶺南

把酒不能前，問君何處遷？蠻方鬼是國，炎徼火爲天。小吏誠何罪？驕人不作緣。到時檢謫籍，曾亦有臨川。

三、四運化楚辭大招、招魂語意，句特警健。送劉詩凡四首，其三句『羽分雙鳳闕，心折五羊城』，其四句『梅花萬里雪，桂子四時秋』，亦皆警鍊。

遭瑠禍〔一〕道中感懷

郡志：『公遭瑠禍日，公父碧衢翁年已八十，及公寃雪，誥褒三代，碧衢翁猶及見之，孫及曾孫百餘人。』

幸未遭嚴譴，居然許放還。願難成栗里，禍恐續椒山。空有安危計，誰開語笑顏？龍眠舊卜築，長在汨羅間。

校記：〔一〕『禍』，龍眠風雅作『逐』。

畿北道中士民攀檻車持金錢相贈詩以謝之

車指燕山道，徘徊感故人。相逢莫下淚，何事尚攀輪？生死成今古，風雷任鬼神。一錢曾〔一〕未敢，幸不愧焚身。

校記：〔一〕『曾』，龍眠風雅作『從』。

舟中同吴客卿何康侯两太史

驚看紫氣滿平皋，有客翩翩駕小〔一〕舠。天女機絲織菡萏，波公菱〔二〕芡釀葡萄。乍添景色風旛正，忽墮飛流雨氣高。此會一時湖海興，前阿東閣鳳將翱。

校記：〔一〕『小』字底本缺，據左忠毅公集補。〔二〕『菱』，左忠毅公集作『菰』。

人日城望歸飲諸社兄

春陰寂寂眺吟違，斜日當樓一放暉。宛轉垂楊新濯濯，啁啾語雀試飛飛。粘天晴雪千峰駐，繞堞寒烟萬井圍。鐘鼓歸途詩欲就〔一〕，清尊〔二〕柏葉忍教揮。

校記：〔一〕『鼓』，龍眠風雅作『動』，『欲』作『半』。〔二〕『清尊』，龍眠風雅作『尊餘』。

酬趙儕鶴冢宰 明詩綜選

東山泉石〔一〕經年卧，詔秉鈞〔二〕衡正百官。憂國可憐雙鬢白，焚香爲告寸心丹。身留一劍霜花滿，話到三朝夜月寒。自分駑駘無足道，何緣得顧便交歡。

三語高邑思悴如見，四語用清獻事切趙姓。高邑官冢宰，在萬曆中，公於丁未始登第，故結語云然。

校記：〔一〕『泉石』，龍眠風雅作『鹿豕』。〔二〕『鈞』，龍眠風雅作『銓』。

正月三日飲玉成宅得冬字 御選明詩録

庭院深深樂事重，雨餘滑屐更相從。屯雲古〔一〕樹依城濕，著席寒梅照眼濃。語燕流鶯聲漸遍〔二〕，遠山高閣望全封。醉來忘却經三日，談笑依稀似去冬。

校記：〔一〕『古』，左忠毅公集作『浙』。〔二〕『遍』，左忠毅公集作『逼』。

燕邸送友人歸里

薊門九月雪霜深，短褐臨岐淚不禁。逐電孤鶋迷去影，没雲高雁失遺音。到時黄菊樽仍滿，別後青山夢屢沉。爲謝故人勞問訊，風塵早晚急抽簪。

入塞曲　御選明詩録

大漠高空塵不飛，新秋塞上草猶肥。石榴紅綻葡萄紫，博望遥馳宛馬歸。

出塞曲　御選明詩録

陣雲横卷將星高，獵獵秋風動羽旄。揚旆平明屯渭北，銜枚薄暮度臨洮。

二絶飛揚秀發，李益、盧弼之遺響。

贈三兄〔一〕　八首之一

閒歌招隱笑含飴，柳長門前松長陲。不把蛾眉來世妒，已將第五傲驃騎。

校記：〔一〕左忠毅公集詩題作三兄還貞負質木彊少以理家務不拈書帙坎坷且盡雲水堪娱諸子弟翩翩會風雲起矣詩八首贈之。

左光先一首

左光先　字羅生，號三山，天啟甲子舉人，官至監察御史，巡按兩浙，有侍御集。明史左光斗傳：『弟光先官御史，巡按浙，任滿既出境，許都反東陽，光先聞變，疾返討平之。福王既立，馬士英薦阮大鋮，光先争不可。後大鋮得志，逮光先，亂亟道阻，光先間行走徽嶺，緹騎索不得乃止。』通鑑輯覽：『順治元年，明福王逮前浙江巡按御史左光先下獄。光先與阮大鋮世仇，又嘗劾馬士英，益恨之，光先嘗在浙，平許都亂，至是光先已去，而都餘黨復叛，大鋮因坐以激變逮之。』江南通志：『光先居家以孝友稱，及仕不避艱險，偉然直聲，爲忠毅難弟。』潘蜀藻曰：『公爲忠毅七弟，風采凜然，生平不憚權貴，如糾滸關墨吏，殲逆賊許都，劾權奸馬士英，皆忘身殉國，守道嫉邪，有忠毅謇諤之風。』江南通志：『邑諸生左光燦遇流賊不屈死，知縣張利民請於御史黄耳鼎，具題旌焉。』璈按：光燦爲忠毅之從弟，惜未見詩集，無可甄録，附識於此。

祁世培具揭爲余白冤書此志感

當時專疏公疏，惟恐舊巡方之持兩端觀望者，不獨祁也。

仗威成掃穴，事定議縱横。大義竟將廢，秋聲應不平。幸存知己辨，甘被黨人名。追理薏珠〔一〕謗，古今何異情。

南疆逸史：『阮大鋮等坐公以激變許都，逮下獄。蘇松巡撫祁彪佳疏救。大鋮並嗾論彪佳，彪佳亦移疾去。』次語道盡宋、明末造弊政。

校記：〔一〕『薏珠』，龍眠風雅作『伏波』。

左國柱一首

左國柱 字子正，號碩人，光斗子，崇禎己卯副榜，官武康知縣，有醒園詩草。潘木厓曰：『子正令浙時，清惠得民。甲申挂冠歸隱，與弟子直、子忠、子厚以學行著稱，號「龍眠四傑」』。方畿曰：『碩人立身居官，其懿蹟不勝書。生平建樹皆其先忠毅公補天浴日之餘烈。』

送吴湯日北上

楊柳依依送客行，春風花發到承明。多年共聽劉琨笛，此夕聊吹子晉笙。舊學四科堪擅美〔一〕，濟時三策自成名〔二〕。平臺待詔應垂問，滿地惟餘鴻雁聲。

校記：〔一〕『堪』，龍眠風雅作『君』；『擅美』二字底本缺，此據龍眠風雅補。〔二〕『濟時』句，龍眠風雅作『聖朝三策孰馳名』。

左國材二首

左國材 字子厚，諸生，有越巢集。郡志：『南渡，馬、阮並用，重修三朝要典，國材詣闕上書，初揭爲大逆謍進，欺蔑君父，頓翻前案事。再揭爲公道難泯，據實直陳事。揭出，衆咸稱忠毅有子云。』吴德旋聞見録：『子厚爲忠毅公次子，流寇圍桐城且陷，子厚急走安慶，請兵於開府史公，城賴以全。南渡上書，訟忠毅寃，後隱居龍眠山。著有越巢詩文集二十卷，又有易學、詩學、杜詩解頤等書。』璈按：史忠正集有答左公子書云：『賊衆不下數萬人，若由石牌大路，勢必取道於桐，某已調池陽、安慶兵往戍。諸凡守具恃老世兄及諸老先生料理有素耳。』即致子厚先生札也。

感時二首

百萬旌旗没，黄巢竟入關。追兵憐秀實，名將失光顔。紫袖施金粟，烏裘狎玉環。河西聲一振，牛酒餉牙山。

此感孫白谷、周甯武之戰殁也。

僕固今驕甚，樓船據上游。朱顔環帳泣，白骨滿江流。横草功難著，包茅貢不浮。殊恩猶錫命，貂珥到霜州。

此感左甯南之擁兵東下也。

左國林六首

左國林　字子忠，號鶴巖，順治乙酉舉人，官河間府丞，有陵江草。

擬古

昊天轉時律，大火西南馳。攬衣起視夜，明月鑑薄帷。翩翩征雁翔，唧唧寒蟲悲。紅蘭委芳草〔一〕，菌桂亦離披。喬喬千丈松，孤生泰山陲。嚴霜裂其膚，層冰斷其枝。摧殘失偃蓋，蒼翠終不移。草木有至性，偏容貞士知。

校記：〔一〕『草』，龍眠風雅作『采』。

吊龍眠

昨日春山信，河流白板稀。舊栽奴橘老，新刈女桑肥。錦鯉銜風擲，絲禽掠浪飛。修梧傷剪伐，不得共芳菲。

江行

布帆去不極，雲際見人家。繫網青楓樹，藏舟白荻花。回風喧雁鶩，落日上魚蝦。夭矯江山翠，停橈看晚霞。

送吴鑑在之閩

披裘行踏蔡溪邊，遥指梅峰烏石連。岐路風篁吹雪嶺，中流花鳥醉江船。人傳箋奏稱陳阮〔一〕，地喜娜嬛載固遷〔二〕。此去故家遺蹟在，好書縑素續遺編〔三〕。

校記：〔一〕「稱陳阮」，龍眠風雅作「勞王粲」。〔二〕此句，龍眠風雅作「山喜帆檣載馬遷」。〔三〕末二句，龍眠風雅作「此地故家藏古迹，好齋油素訪遺編。」

塞上曲

將軍羽箭射天山，閃日旌旗出漢關。夜月欲開青海嶂，秋風先到白龍灣。

班婕妤

中道恩疏謝輦餘〔一〕，搦殘銀管夜窗虛。高情不問羊車路，獨對寒燈自校書。

校記：〔一〕『中』，龍眠風雅作『半』；『疏』作『銷』。

左國棅四首

左國棅 字子直，號眠樵，崇禎末諸生，有粵遊集。潘蜀藻曰：『子直爲忠毅仲子，國變後匿影江湖，遊歷燕、秦、粱、楚、吴、粤，歸處於龍眠之抱蜀堂。卒年七十。里人私謚爲「和節先生」。』錢田間抱蜀堂記：『左忠毅别業有三都館，當龍眠山口，去城不數里，取太沖三都賦題以名也。後遭兵墟莽。仲子子直即其故地構抱蜀堂。蜀於三都爲一隅，且取管子「抱蜀不言」之意。又以爲蜀者，獨也，而申以杜元凱注左傳、郭景純釋爾雅之義』。姚經三：『左眠樵和韻詩跋：「先生爲忠毅仲子，主盟壇坫垂五十載，久同弟霜鶴隱於龍眠，葺少保讀書舊地三都館之喬松茂竹間，某與宗伯敦復每入山房，與二老歡譚永朝永夕，不意此詩屬和未終，竟成絶筆。」』

早秋溪行

入秋纔十日，蚤暮有微涼。積雨孤村白，輕風一葉黃。晚塘喧雁鶩，夕坂下牛羊。欲把空王禮，魚聲出院牆。

三語寫雨後之景，未經人道。

抱蜀堂落成

把茅爲蓋竹爲扉，北牖南窗綠四圍。種荳朝偕鄰叟出，鋤茶晚趁老僧歸。鳴泉漱石伊蒲潔，宿霧蒸藜〔一〕早蕨肥。一盞青燈書萬卷，任兒苦讀聽兒饑〔二〕。

校記：〔一〕『藜』，龍眠風雅作『泥』。〔二〕『任』，龍眠風雅作『聽』；『聽』作『任』。

奉訊無可師自廬山歸省

十年塵土化緇衣，回首干戈任息機。天上謫仙皆證果〔一〕，海濱遺老更〔二〕何歸？去時骨肉猶存否，此日家山果是非。空盡難空真種子，蒲團坐下不能違。

校記：〔一〕『證果』，龍眠風雅作『欲殺』。〔二〕『更』，龍眠風雅作『竟』。

月夜杜杜若方明農過訪不值留題奉答

巷南巷北相知少，緩步天街任所如。月好忽生高士興，夜深同造野人廬。呼僮出茗催新句，命子尋牋證素〔一〕書。漏盡歸來惆悵處〔二〕，兩株梅影一窗虛。

校記：〔一〕『證素』，龍眠風雅作『看疾』。〔二〕『來惆悵處』，龍眠風雅作『家開讀罷』。

左國鼎三首

左國鼎 字夏子，崇禎末諸生，有祓閏集、蔡園集。潘蜀藻曰：『夏子爲侍御之長子，南渡時侍御幾罹不測，夏子挈家入黄山，左右無方，卒免於難。』吴德旋聞見録：『夏子爲人吶吶如不能言。然好學多深沉之思，於並世人鮮所推讓，獨心傾同里姚休那。』錢田間懷西樓記：『夏子所居，負北郭建小樓於其側，正對西山，因題曰「懷西」。』

詠懷

山雞麗羽毛，映水即起舞。有女豔顏色，覽鏡泣如雨。不解舞者意，那知泣者苦？遭逢固已殊，豈不皆美嫵？

上楊維斗先生

夫子闢西彦，吾儒得所宗。在陰鳴和鶴，歸海望猶龍〔一〕。世俗空瑤〔二〕瑟，元音自景〔三〕鐘。洞庭秋色外，縹緲見高峰。

校記：〔一〕三、四句，龍眠風雅作『附形因和響，歸海故從龍』。〔二〕『瑤』，龍眠風雅作『操』。〔三〕『自景』，龍眠風雅作『但鼓』。

巢湖遲羽士孔修之不至

懸知采藥白雲深，南北茫茫何處尋？不必引嫌深〔一〕避客，任余彈鋏爾彈琴。

校記：〔一〕『深』，龍眠風雅作『回』。

左史一首

左史 字山子，崇禎時諸生。按：山子爲忠毅從子，台州同知光明子也。

山居

有風常到竹，是石可停雲。葉落僧無徑，山空鳥傲人。

左國斌七首

左國斌 字子兼，崇禎時諸生。潘木厓曰：『子兼爲忠毅猶子，諳曉掌故，每述其世父立朝大節，井井有倫，累舉不得志，杜門讀史，自號「茅田通隱」。』

人日同子直子周過彌陀庵

歲獻〔一〕風光好，偏逢此日陰。幽心在水郭，信足向祇林。雪共茶烟舞，詩從粉壁吟。數聲清磬遠，覓食下春禽。

校記：〔一〕『歲獻』，龍眠風雅作『獻歲』。

過衆若兄山莊

蛛網常封户牖塵，群遊麋鹿聚松筠。室中偕隱裴公美，谷口躬耕鄭子真。君已黄冠歸故里，我猶皂帽見鄉人。剡溪雨雪還乘興，野店山橋莫厭貧〔一〕。

『黄冠』，文信國語；『皂帽』，管幼安事。兄弟風節於此可想。

校記：〔一〕『貧』，龍眠風雅作『頻』。

過媚筆山房悼子永弟

築場九月萬山中，大被相攜每歲同。何事鴒原分影去，遂令馬策叩門空。書連破屋聲如在，石咽寒泉聽不窮。爲語園丁矜〔一〕手植，猶留秋色到梧桐。

校記：〔一〕『矜』，龍眠風雅作『珍』。

七伯父遊披雪洞王以清及子直夏子子周從遊

當年持節古杭州，石鏡苕溪攬轡收。猶有豸威霜在面，未曾鶴髮雪盈頭。高眠南郭何須問，穩坐東山自乞休。緩步攀躋看〔一〕曲折，呼余指似大龍湫。

校記：〔一〕『看』，龍眠風雅作『能』。

冬日同子周子直松鶴庵謁伯父忠毅公墓　二首之一

班馬曾聞山下鳴，監軍使者史先生。布袍徒布〔一〕披荒草，野老清猿聽哭聲。西蜀坡公悲永叔，南州孺子拜黄瓊。如今一夜三年話，師弟居然副盛名。史公道鄰謁墓，宿於墓所，自云：『以一夜哭奠，當三年心喪也。』

校記：〔一〕『布』，龍眠風雅作『步』，是。

信宿礪觚齋留别退齋從子

雙松吾曰〔一〕愛吾廬，那得高丘傍舍居。嘉客每過處士宅，清齋强半道人書。經旬草榻情難别，殘臘梅花歲漸除。蝦菜充餐兼作贐，更煩卿僕策卿驢〔二〕。

校記：〔一〕『曰』，龍眠風雅作『自』。〔二〕兩『卿』字，龍眠風雅均作『君』。

贈蘇良生

到郡〔一〕班荆話昔時，五茸城畔有棲枝。將軍西第傳刁斗，公子南橋拔酒旗。誰聽鶴聲仍淚落，難教鱸膾有鄉思。梁園雪與隋堤柳，只在君山笛裏吹。

校記：〔一〕『郡』，龍眠風雅作『即』。

左國昌五首

左國昌 字子永，諸生，早卒，有開楚詩集。潘蜀藻曰：『子永爲侍御公仲子，嘗閱志載譚孝子虎守門一節，喟然曰：「是已到盡物性地位，非孝子安能如此？」與同里吴繩祖、方里、趙襄國、吴德音、錢勖仍，有六駿之稱』。姚康伯曰：『左氏如夏子之沉雅，子周之英朗，得子永而鼎足，固沖齡之耆德，末趣之古人，惜司命者之奪其算也。』

憩九峰

隔嶺尋蘭若，高松隱翠微。餉人炊薏苡，供佛架薔薇。去去情難別，行行願不〔一〕違。春陰遮薄日，却恨雨催歸。

校記：〔一〕『不』，龍眠風雅作『復』。

孤城久困望援兵不至

戍樓三百雉，終夜坐塵埃。孤雁雲邊没，雙雕城上哀。鐵衣空自冷，玉帳未曾開。日誦秦州句，將軍伐鼓來。

霧沖

地僻無兵掠，亭間客到稀。采桑都是女，種竹盡名妃。犢陣〔一〕凌晨放，鵝群傍夕〔二〕歸。

何分蘭與蕙，香氣出林微。

校記：〔一〕『陣』，龍眠風雅作『子』。〔二〕『夕』，龍眠風雅作『晚』。

甲申秋避難新安道中

負笈攜笻〔一〕敢憚遥，餐風沐雨自朝朝。相逢豪客誰憐李，任有〔二〕奚奴不愛蕭。夾路但聞嚎〔三〕虎豹，巢林何處寄鷦鷯？猶思遠翥同鴻弋〔四〕，好聽〔五〕吴門乞食簫。

校記：〔一〕『攜笻』，龍眠風雅作『擔簦』。〔二〕『任有』，龍眠風雅作『逃去』。〔三〕『嚎』，龍眠風雅作『啼』。〔四〕此句，龍眠風雅作『莫言避禍全無策』。〔五〕『好聽』，龍眠風雅作『尚有』。

同友人春遊

芳郊春到最堪憐，偶共提壺二月天。處處春〔一〕流紅杏雨，家家人住緑楊烟。輕衫廣袖看肩並，紫燕黄鸝聽語圓。數載情懷今暢好，從教春去任啼鵑。

校記：〔一〕『春』，龍眠風雅作『水』。

左國治一首

左國治　字子周，號橘友，有橘亭集。張文端存誠堂集輓左橘亭詩：『才華蚤與太沖儔，束髮論文已白頭。青史鴻名留大諫，謝家群從本英流。書來故國椒漿遠，草掩荒庭橘樹秋。最是皋比心獨苦，蓼莪讀罷泣從遊。』

讀何令遠關中遊草

秦關聞道可泥封，滿幅烟霞筆墨濃。是處名山皆倚馬，從知勝地擅雕龍。蒼崖恍惚希夷駐，紫氣元教岱岳重。讀遍新詩三百首，江天何處覓芙蓉。

左國寵一首

左國寵　字子衡。

重修史道鄰中丞生祠

節握江南北，先生獨有神。三年飛赤羽，一旅阻黄巾。去後思何武，生前託寇恂。邇來聞戰鼓，倍覺此情真。

左之輹一首

左之輹 字北于，康熙間布衣，有吴越遊草。

失　題〔一〕

九嶷七澤舊才華，仗節持衡擁絳紗。滿座芝〔二〕蘭供綵筆，當門鸚鵡護朱霞。秋原日落樓頭雨〔三〕，旅櫂〔四〕江深浪脚花。白髮衝筵〔五〕隨杖履，應憐文舉是通家。

校記：〔一〕龍眠風雅詩題作上魏青城夫子。〔二〕『芝』，龍眠風雅作『芷』。〔三〕『雨』，龍眠風雅作『笛』。〔四〕『櫂』，龍眠風雅作『况』。〔五〕『筵』，龍眠風雅作『炎』。

左之柳一首

左之柳 字格初，康熙間貢生，官邳州訓導。

遊鎮國寺和韻

山幽開古刹，地僻隱〔一〕林泉。禪室永清晝，槐枝蔭〔二〕綠天。雲移攄〔三〕篆合，鳥續梵音圓。卓錫飛鳧外，悠然望列仙〔四〕。

校記：〔一〕「隱」，龍眠風雅作「在」。〔二〕「枝蔭」，龍眠風雅作「陰染」。〔三〕「攄」，龍眠風雅作「爐」。〔四〕末二句，龍眠風雅作「飛錫飛鳧者，看來總是仙」。

左文言五首

左文言 字衍初，號椒堂，雍正間由保舉，官潞安知府，有椒堂詩略。程本節序曰：「椒堂家承忠裔，系本素臣。載道五經之傳，人趨門下；太沖十年之賦，紙貴都中。乃三詣金門，九鏖文戰。朝朝爨下，燒殘蔡氏之桐；日日爐頭，乞許葛洪之藥。吟成莊舄，韻溢休文；華藻翩翩，風期落落。』

城南花塢　宛平相國別業。

城南花作塢，一徑柳風斜。門外常嘶馬，人家半種花。春衫盈廣陌，香屧散平沙。更上高樓望，西山鬱翠霞。

呈張葯齋宗伯

籃輿時過賜金園，主簿祠邊款蓽門。逢客不言温室樹，與農閒話聖朝恩。幽居谷口詢松友，碩果林間憶竹孫。記得龍眠詩句好，書聲聽到短牆垣。

瀛臺春望

太液波光近紫霄，半篙清淺木蘭橈。夕陽指點西山色，碧水紅欄玉蝀橋。

豐臺看芍藥

好事江郎共左思，樽前景物鬢成絲。春風十里珠簾捲，腸斷揚州杜牧之。

崑山浦孝廉湘之西邊贖親

風雨堪憐朱壽昌，長城號泣日昏黃。麟州即是同州路，更比同州道里長。

壽昌尋親於同州。

左文博一首

左文博 字孟英，號浣松，康熙間歲貢生。

松園

不須湖畔與江皋，惟愛林陰拂綈袍。最是松軒清夜裏，瀟瀟聲送半空濤。

左衵三首

左衵 字懷滄，號尚子，康熙己卯舉人，有宜草堂詩草。

買舟

杖劍出鄉關，江心一葉間。曉烟村樹外，落日驛樓間。牛首遥看雪，龍眠何處山。已知家近遠，應聽鹿呦還。

應月庵

當年國老承恩地，茅屋三間密繞藤。餘有青松巢健鶴，更看翠竹伴孤僧。酒巡梅裏花同笑，詩詠籬邊鳥欲膺。聞得風雲猶可待，好乘春旭望鵾鵬。

山中

獨立望秋山，白雲山頂起。雲深不見人，朝暮秋山裏。

左沅二十二首

左沅 字湛含，號鑑亭，康熙間諸生，有鑑亭詩鈔。通志：『湛含高才不第，放懷遊覽，作爲詩歌，以自寫其胸臆。妻江氏瑤亦嫺吟詠，疊相酬唱，極閨閣之樂。所著有鑑亭詩鈔，江有藉溪吟草。』

與倪九司城夜話

良友豈能多，古人慎所擇。與君兄弟交，愧作攻玉石。天涯洽素心，形骸隔咫尺。相見必相歡，高談搜典籍。上下千百年，論古刺罅隙。是非羞雷同，辨難互搏擊。舌戰出奇兵，强項面發赤。有時出片言，群疑涣然釋。如從驟風雨，月霽天光碧。佳會不可常，一月或一夕。羈旅無好懷，賴以快胸臆。我志在經世，詞華非所癖。直欲叩天閽，一陳安全策。玉關燕頷人，慵書老堪惜。不如歸去來，樵山復釣澤。請君決行藏，長歌浮大白。

贈吴焦音

交君甚暫慕君久，千人萬人無其偶。誰非昂然七尺軀，意氣於君一何有。家無儋石囊蕭然，看將財貨同敝帚。迂疏不避西家嗤，詠啁妙入東方口。讀書三十未成名，蹇驢跨向長安走。五侯七貴高朱門，半刺相投曾不苟。不受人憐翻憐人，珍才愛藝如瓊玖。力挽窮途置要津，揮斥黄金憑赤手。恨君不早登廟廊，盡拔單寒出甕牖。吁嗟乎！人生富貴欲何爲，豈徒朝歌暮飲酒！紫衣朱綬阿家郎，英才淪棄誰之咎？碧翁高高若有知，拏雲莫掣吳生肘。

贈顧公子

針刺芥兮的中矢，膠入漆兮乳和水。此中投合妙難傳，恰如邂逅逢知己。武陵公子謫仙人，三峽詞源流五指。才奔怒馬爛春花，百篇斗酒前身李。工書沐浴羲獻室，顏柳蘇黄供器使。不經剞劂富縹緗，毛錐秃盡千萬紙。眼光磨滅心血枯，黯淡青衫尚如此。噫嘻天心毋乃惑，不吝才華吝朱紫。黄金横帶彼何人，應否黔婁飢欲死。我生不辰遇坎坷，慧不如君福差擬。少小心期汗血駒，老大霜蹄躓泥滓。世人信耳不信目，魚眼珍珠介疑似。孤懷鬱鬱語向誰，傾蓋傾心非偶爾。兩兩窮途哭應聲，那管旁觀笑齲齒。無絃琴作不平鳴，流水高山喻微旨。吊□□□□□，曲奏清商雜流徵。投以瓊瑤報木桃，偏師出没長城壘。飲醇一月共朝昏，泣轉爲歌悲轉喜。奥邈不測造化機，位置窮通非一理。顏孟若舉操莽錯，功罪何勞贅青史。顛倒賢奸謬屈伸，混濁方知有清士。且飲一杯吟一篇，閒愁枉負春花蕊。不飽簞瓢更奈何，蠹魚豈逐貪羶蟻。至貴無如不自賤，抱璞還留卞和趾。冰雪同堅金石盟，道義之交無遠爾，覿面有時隔千里。

過光莘逸柳塘

不知來往數，一見一回新。識性莫如久，長情只是真。意從言外得，心向個中論。片月澄秋水，清光稱主賓。

張無僞過訪

所遇不可料，相思如有神。一回謀面者，十載素心人。似子才猶屈，較余家更貧。幽居問何處，疏柳大河濱。

訪無僞郊居

不用住山深，已無塵事侵。空庭永清晝，萬柳結秋陰。入市惟沽酒，尋山每抱琴。居嫌隔城郭，未可月中尋。

送馬相如之閩

芳樽藉草茵，此別最傷神。獨客殘春日，同時失意人。敢辭寥海道，待養白頭親。旅食無甘味，空嘗荔子新。

空　館

空館無人到，虛窗半夜涼。螢燈含冷焰，竹露見寒光。秋老風清烈，愁深月淡黃。徘徊吟未就，添著舊衣裳。

同友人過岑公舊院

無復疏鐘響，惟聞落葉喧。十年懷故友，勝事感空門。窗改移山色，池荒失水源。遊人半頭白，莫更負青樽。

方履安索贈

何以十年久，贈君無一言。殆將傾肺腑，不擬道寒温。性可輕軒冕，詩能薄宋元。前身應是佛，只未斷名根。

送鈍庵上人歸楚

秋老送君别，三湘一棹歸。來時梅子熟，去日葦花飛。旅橐惟詩卷，霜風尚葛衣。前途聞小蠢，説偈解重圍。

歸五嶺山作

拂衣去幽谷，客夢已全非。世路從誰問，青山待我歸。春冰隨澗水，松雪點苔磯。惆悵三年别，重來舊侶稀。

送磊齋先生遊衡山

孤筇駐何處？七十二峰頭。佛觀參龐藴，仙風繼鄴侯。眼前湘水遠，天際鄂雲浮。若啗懶殘芋，雄心倘爲休。

聞倪之鐕秀才召對賜中書舍人奉使西蜀

意外來朱紱，天衢奮翼寬。承恩持使節，拜闕尚儒冠。視草三台近，窮經一第難。因君益知命，風雪自江干。

尋桃葉渡故址

桃葉流何處？桃花冷不紅。我來尋渡口，獨立倚春風。水漲清還濁，橋通西復東。笙歌有遺響，散入酒樓中。

自題薦卷

似揀恒河沙裏金，就中針芥渺難尋。璞經獻過疑非石，桐到焦時豈盡琴？棄向泥塗甘命薄，采來葑菲感情深。漁郎不是桃源侶，辜負胡麻飯客心。

大參磊齋夫子歸自姑蘇

黄梅雨後盼歸期，碧藕花前慰別離。炎暑可堪淹客路，歡容却勝在家時。興酣風月無官守，目空滄桑感故知。解轡將何壯行色，虎丘石上豹囊詩。

贈魯亮儕

今代何人蓋世英，太湖高士舊知名。秦時東海輕垣衍，漢末南陽卧孔明。驥困風雲餘壯氣，鶯迷花柳發新聲。枕中鴻祕囊中句，夜雨寒雞不勝鳴。

喜方貞觀告假歸里

盼到邊鴻尺素稀，吟鞭忽漫叩柴扉。不知長夜何時旦，且喜三年一度歸。詩思深沉寓憂患，世情閱歷少褒譏。離懷未了蕉窗話，更挈清樽上翠微。

寄友人揚州

春來十日雨瀟瀟，深夜高樓坐寂寥。家事齏鹽營白晝，客愁烟水憶紅橋。無由北闕陳金鑑，未許南山采藥苗。我鬢不如君鬢黑，布帆還擬破江潮。

秦淮遊船曲

紫金山外雨初晴，白石橋邊風正清。夾岸珠簾愁不捲，落花流水兩無聲。

長干塔上夜燈清，光透雲霄月不明。舊日國恩應報盡，新懸佛火照江城。塔被火重修。

左　澂三首

左　澂　字超氛，雍正間諸生，有石潭詩草。

立夏前一日次郝羲言韻

有客常兀坐，不知春遽歸。幾日枝頭紅，飄落成地衣。寸心鬱如結，故鄉胡久違。杜鵑泣深林，紫蝶倦芳菲。今宵有歸夢，到處覓殘輝。

淮南曉發

波光蕩漾碧天齊，沉得如鉤月落西。最是行人動離思，綠楊深隱鷓鴣啼。

田家雜興 四首之一

西山雨過露斜暉，鴨亂方塘結伴歸。惟有牧童偏自在，穩眠牛背入柴扉。

左世瑯十二首

左世瑯 字挹青，乾隆中羅田知縣，有一軒詩草。張未齋世篤堂四世詩鈔序曰：『石潭蜚聲於康熙、雍正年間，一軒、聽雨憲章於乾隆年間，羨淵、澗依祖述於嘉慶、道光年間，四世詩傳，分卷彙録，其詩具在。中有典樸和雅、動合天然者，有雄勁奇偉、縱横自如者，有工整婉麗、佈置嚴飭者，有超淡疏逸、錯綜有致者。家學纘承，邁俗希古。後之覽者，庶以知世篤之文采風流，足紹忠毅、侍御，以輝耀於龍眠、桐溪間也。』

偕姚姬傳弟仲夫過馬牧儕書室夜話用廬陵與聖俞會飲韻同諸子作

世人紛紛不解語，先生口吃而能談。一日不見輒相憶，緩步過訪偕二三。門前巷古人鮮少，庭中草長雨廉纖。孤燈欲盡簾猶捲，拄頤獨坐舌如緘。疑是讀書心有得，又若懷人酒半酣。忽見吾徒發大笑，縱橫言辨風雨兼。驅濤湧雲論筆力，持劍拔幟輕兵鈐。吾曹此樂不易得，縱有窮愁同夷芰。敝牀疏席有佳趣，坎坷悲歌儒者慚。夜深沽酒重斟酌，酒痕零落遍春衫。人生行樂及時耳，自古達者籍與咸。物壯則老不相待，一年又見斗杓南。

用歐、梅韻，體格亦極似歐、梅。

送别福參戎駐防阿克蘇

君不見玉門萬里到伊犁，阿克蘇在伊犁西。伊犁五月風晝吼，牛蝨蔽天刺背肘，人不能前馬皆後。君曾一至爲君悲，君今再至當其時，君將何術以禦之？鐵衣金甲棲魂魄，壯士此時期裹革，沙場何地容過擇。前年操弧射天狼，今年韜戈鎮邊疆。千億萬里奚徬徨，送君直渡黄河水。既張我弓挾我矢，一聲刁斗西風起。

每三句轉韻，岑嘉州格，詩筆警健，亦近嘉州。

瓦亭曉發

古道四圍山，人行隴水灣。曉風雙鬢上，初日半峰間。有徑穿崖入，無春著樹還。前途更蕭瑟，憶別瓦亭關。

涼土蕭瑟，經行目擊，信其寫狀之確。

過六盤山

出關平地少，更度六盤山。何處偏無路，斯途不可删。半峰頻反側，四角任回環。誰敢更西望，沙迷隴塞間。

夜行

蒼然來暮色，杳冥失天青。野闊雲爲岸，山高地湧星。行歌聲苦澀，覓路馬知停。喜得荒村近，人家户已扃。

秋懷　十首之二

緑楊層疊繞蕪城，去住輕舟欸乃聲。花鳥樓頭春正麗，笙歌橋上月初明。繁華一枕他年夢，寂寞殘燈此夜情。買棹不嫌江水闊，那堪憔悴舊狂生。一曲青溪一葉舟，不須重憶隔江遊。酒醒孫楚樓邊月，燕去烏衣巷裏秋。白露曉風飄外草，『外草』見後漢書注。清霜殘月棹中流。蕭疏大地同如此，何處烟波好逗遛。

雨後步北郊

十日柴門常閉雨，一筇山郭竟無花。春流細劃中邊路，竹葉青分左右家。夕照殘浮蒼翠重，寒鴉歸趁晚風斜。過橋更向濃陰裏，坐待月明雲水涯。

西瓜燈

種得東門瓜，瓜熟冷於雪。何物小兒曹，頓灼其中熱？

雨中春遊詞

水外青山山外林，層層花柳望中深。憐他春色情如許，怯雨兢風半不禁。

自密雲至熱河途中口號 十首之一

峰回絶頂盤盤路，水落山河寸寸沙。僻地賣茶人絶少，渴時且剖密雲瓜。

西北旅途，以瓜代茶。余行陜甘，其俗良同。

西　瀼

依然茅屋自高低，三五人家住瀼西。此處竹寒沙更碧，當年疑是浣花溪。

杜卜居瀼西有『竹寒沙碧浣花溪』之句。

左世經十七首

左世經　字仲夫，乾隆間諸生，有聽雨樓詩草。張樊川序集曰：『仲夫表弟年三十，即以詩鳴於儕偶，與予同居委巷，階草不除，門庭蕭寂，而琅琅金石聲，時達户外。與之語，循循退讓，無世俗綺靡之習。其爲詩沖淡和平，神與古會，漸近自然。蓋其天質與詩相近，而又沐浴於古作者深，遂不覺其言之不煩繩削而自合也。』姚南青題集詩：『老來文字從遮眼，麟角牛毛自古今。忽諷新詩當招隱，果然山水有清音。漢家詞賦擅卿雲，江左文章半策勳。莫但鳴琴愛巖穴，三都卓犖張吾軍。』

偕姚姬傳三慧庵看梅

春至景物舒，出覽松雲卷。厲水迷前村，企石顧來洴。密林一徑通，疏鐘度幽阪。春氣淡深山，夜雨枯樹變。崖鳥啅空烟，僧房閉花蘚。坐久山風生，寒香被清淺。復度曲溪外，與君心俱遠。

寄懷馬牧儕

夕陽下庭樹，歸鳥飛遲遲。我有一尊酒，持以坐東籬。欲飲青衿子，念非心所期。停杯起徘徊，悵然憬予思。予思匪天末，憐君方下帷。

寄學沖大兄

青苔被長徑，微風漾寒沚。荷葉發清香，松花盈素几。雨霽山色來，日暮溪烟起。遥知北窗下，烹茶試泉水。

送方天民之豐城

小窗鳴夜雨，晨霽明朱梅。有酒聊斟酌，几席無塵埃。極目望遥天，寂寂孤鳥回。三載思故人，中庭起徘徊。况子復辭去，何以申幽懷。春陰被江津，亂帆雲中開。日暮增薄寒，慎旃遠溯洄。

答姚南青太史以近詩見示

永叔歸田園，摩詰遺軒冕。賦性不偶俗，顧予獨繾綣。時著山行屐，多就松下飯。花木入巖深，蒼翠出溪淺。並坐俯寒流，攀蘿陟遥巘。林空鐘欲沉，月上人初返。風雨閉柴關，行徑隔蒼蘚。向夕芳訊傳，開函對詩卷。奕奕綺思鮮，超超元著遠。幾時卧匡牀，澄懷歸鹿苑。九陌昔已捐，六塵新知免。嗟彼大千人，營營何所善。

偕姬傳家八兄過馬牧儕用廬陵與聖俞會飲詩韻

孤舟春放横江潭，風濤浩淼誰可談？但見草長花被樹，已失芳辰三月三。深宵閉户燈耿耿，空檐雨響霏纖纖。故人此夕偶相聚，况對緑酒新開緘。離合難定有如此，四座豈惜爲沉酣。珊瑚貫網荆玉璞，君如山海珍來兼。嗟予空復心嗜古，廣索墳典窮鉤鈐。力薄智昧不自見，反舉俊傑遭夷芟。執鼠爲玉已足哂，畫虎成狗甯無慚。百年世事駒過隙，促席無爲悲青衫。士誠有志越流俗，竹林猶將傳籍咸。旦夕逝將約君去，四時讀書南山南。

懷友人江上

山北驟來雨，空崖聲萬千。草堂人倚暮，秋樹鶴棲烟。雷殷雲垂地，風高浪拍天。離家十日客，此夜宿誰邊？

不寐

殘燈照空壁，不寐苦多情。江上故人櫂，籬邊秋雨聲。五更風樹静，一夜草蟲鳴。歲月去何易，無能慰此生。

贈方在西

四壁蕭條甚，聊堪抱膝吟。清風吹短榻，明月照枯琴。跌宕閒居意，孤高鑑古心。曉來春漲急，雅量共江深。

丹陽

落日丹陽道，孤帆古渡頭。西風一夜雨，楓葉滿湖秋。白浪浮瓜步，青山淡潤州。客懷正蕭瑟，漁笛起汀洲。

過智園庵

閒居多逸趣，緩步款柴扉。社雨溼松徑，溪雲侵客衣。水流幽磬出，鳥逐落花飛。日暮翻惆悵，江南春欲歸。

山居

一春幽事在山莊，別具閒情也自忙。帶月樹移雲外種，破寒茶摘雨中香。鄰僧訂簡分齊鉢，小艇行酤過野塘。却怪十年潮海夢，夜深猶到醉吟鄉。

登姑孰城次韋慎占謙恒韻

孤城水湧碧天流，葦荻聲催落日秋。鳥渡寒江看滅没，地逢名士喜句留。論才敢望依牛渚，澆酒惟慚對李樓。回首六朝無限事，半規明月上漁舟。

滴珠巖　浮山十六首之一

巖上飛泉懸，洞中路紆轉。偶語不相聞，仰看天一線。

過山家

溪上人家月影黄，四圍春水映茅堂。叩門丫髻應聲出，無數野梅當路香。

過谷林寺

故山烟樹入空濛，十載常懸客夢中。認得前溪山寺路，僧書昨報海棠紅。

板子磯

繫纜連朝寒雨積，曬篷侵曉太陽微。紅花翠篠沿江路，半日春風板子磯。

左世福一首

左世福 字次宗，號嵩廬，雍、乾間諸生。

浮　山

突兀棲雲表，洞巖奇以窅。陰含渾太虛，晴空破啼鳥。登山天日曉，絶頂殊縹緲。揚子江之南，九華青不了。

左世壽三首

左世壽 字山年，號客堂，雍正間由保舉，官懷來知縣。

鄧尉探梅

探梅來鄧尉，十里萬株斜。瘦影競凝雪，微香漸吐花。尋僧敲古寺，沽酒問山家。更上崇臺望，烟波到眼賒。

遊吴感懷

敢將文字奪天工，今古行生混沌中。千種庸愚千種福，一分才智一分窮。鳩能唤雨聲偏拙，蛙解爲官氣亦雄。却怪祖龍焚殆盡，冷灰撥出賺英雄。

寄懷孫慈孝

緑窗閒對大舠頭，移竹看花歷幾秋。曾讀襄陽耆舊傳，鹿門妻子勝封侯。

左衢二首

左衢　字賡唐，號耕堂，乾隆壬申進士，官宗人府主事。貢舉考略：『乾隆乙酉陝甘典試，宗人府主事左衢。』紀文達集袁清慤公詩序：『憶自乾隆戊辰至甲戌，清慤公方官京師，與秦學士澗泉、盧學士紹弓、張編修松坪、周舍人筠溪、陳舍人筠亭、王舍人穀原、左舍人羹塘、丁舍人葯圃、錢詹事辛楣及余，與從兄懋園結爲文社，暇日又往往彼此過從，看花命酒，以詩句相唱和，一時朋友之樂，殆無以加也。』

夕望

秋月雨後青，鐘聲烟際樹。人語響空村，復入烟中去。

賦得深柳讀書堂

萬柳鬱森森，堂開一徑深。絮飛濃淡畫，人坐短長吟。庵靄搖芸帙，扶疏映蕙襟。風軒和暑净，雨榭罨嵐侵。流碧分茶鍑，飄香入硯岑。時時塵不到，處處月多陰。静可圖書悟，閒將性道尋。彤廷青鎖罷，講畢正揮琴。

左周一首

左周 字逸澴，號問莊，乾隆己丑進士，官甯紹台道。

夏日雜詠

客至張燈宴，持杯永夜譚。蛙聲浮閣外，簾影落花南。池上星光碎，松間鳥夢酣。會心應不遠，清味正醰醰。

左揆六首

左揆 字南池，乾、嘉間布衣，有湘閫遊草。

寒食日郊遊

客舍自爲家，逢時玩物華。宿烟留徑草，餘火散春花。墓祭鄉思切，厨寒古意賒。遥知桑梓處，冷食夕陽斜。

原上村

四面青山擁，平原更有村。幾年成聚落，次第長兒孫。徑仄頻添石，人稀早閉門。歲豐家有釀，晚爨暮烟昏。

春　夜

一院草生烟，池塘春可憐。鵑聲出林表，花影亂階前。蝶夢香頻爇，燈殘客未眠。畫樓明蠟炷，猶自戲秋千。

航海　三首之一

漫言老去洞庭遊，又放横洋渡海舟。紅水溝邊更黑水，澎湖一抹自悠悠。

嘉魚道中

波紋如縠水如烟，極目蒼茫落照邊。两岸人家新漲滿，緑楊樹裏好行船。

獨　坐

洞房寂寂春不管，落花片片空階滿。一聲歸雁度南樓，誰家送客歌喉短。

左行琥一首

左行琥　字宗召，十一歲卒。

初夏

昨日春纔去，清和霽景新。可憐一片月，深護倚樓人。

左　驥一首

左　驥　字性愷，號園齋，乾隆間諸生，有思厚堂詩鈔。

答朗亭久懷

風飄霜葉點疏窗，老我澄懷興未降。征客言歸好時節，黄花紫蟹看秋江。

左行危二首

左行危　字回瀾，號陋居，乾隆間布衣，有懶仙詩鈔。

白芍藥　九首之一

暮雨瀟瀟拂蕊塵，倚欄無語思離人。獨擕明月過殘夜，應怨東風號殿春。砌錦坊前香窨窨，洛陽花外夢頻頻。須知穠豔凝香外，玉貌冰魂自有真。

晝　眠

飛熊消息久浮沉，且枕衰吾入化城。十二時中成小劫，三千界裏學無生。稻花過雨湘簾潤，松葉留風竹榻清。雲影天光時對好，不須驚夢怨流鶯。

左　祺二首

左　祺　字介曾，號樵雲，乾隆初縣學生，贈益陽知縣。方庚曰：『外祖善篆隸，工印章，藏書籍頗富，後嗣零落，散佚遂盡。今獲遺詩數首，讀之悲愴。』

歸舟感賦

作客踰千里，離家近十年。江流看浩浩，山郭遠緜緜。霜露悲頻歲，圖書憶數椽。低徊身世事，搔首益茫然。

自昔歌彈鋏，衫經萬斛塵。每逢度佳節，倍覺感蕭辰。松徑欑重展，椒漿奠獨陳。一杯猶未卜，何日慰吾親。

左　眉三十八首

左　眉　字良宇，號静庵，乾隆己酉拔貢生，有静庵詩集。

雜　詩

丈夫不得志，飢軀走四方。歷盡燕趙區，攀躋上〔一〕太行。登高望大河，終古流湯湯。英雄憤争日，詎知有興亡。當時多焜耀，事後餘凄涼。徒令羈旅士，吊古爲感傷。

盛年不可恃，日月如奔車。翩翩美少年，嬌豔比芙蕖。相別曾幾何，老醜轉憐渠。人生一世間，直如逆旅廬。若不早聞道，負此七尺軀。君子貴立德，豈曰邀名譽。憫茲柔脆質，相保止須臾。將欲志不朽，能無慎厥初。

校記：〔一〕『上』，静庵詩集作『陟』。

擬古

萬年爲三公，教其子以諂。其子暢厥首，義諍非爲犯。西漢慕利禄，東漢重名檢。范滂姜叙母，女子行無玷。大義勵其子，忠孝激肝膽。能令百世下，聞者皆興感。偉哉兩婦人，鬚眉輸氣燄。

霍光廢昌邑，固爲社稷計。繩以天澤經〔一〕，毋乃擅廢置。偉哉嚴延年，昌言不爲諱。縱有羅紨嫌，絶不生顧忌。此事關綱常，何能避怨懟。一奏肅朝廷，輔相皆心悸。乾坤終不毀，高卑有定位。鄭重視此言，維繫千萬世。

吾聞鬼谷子，修道隱青谿。欲學神仙術，壽與天地齊。及門有弟子，迺爲秦與儀。縱横及捭闔，祕術授於師。但知取富貴，不救世創痍。六國曁嬴秦，棼棼如亂絲。反覆施詐僞，傾圮何能支？乃知神仙人，廉耻竟未知。金丹與大藥，乃〔二〕爲鴆毒資。君子貴亮〔三〕識，毋爲後世嗤。

校記：〔一〕『經』，静庵詩集作『義』。〔二〕『乃』，静庵詩集作『翻』。〔三〕『亮』，静庵詩集作『有』。

十二月十六日

驚飆動枯林，暝色起叢薄。月從水上生，雁向沙頭落〔一〕。耿壁一燈青，嚴闉静帷箔〔二〕。隔嶺度鐘聲，不寐成孤酌。

校記：〔一〕此句下，静庵詩集有『山殘十日雪，巷徹終宵鐸』。〔二〕『嚴闉』句，静庵詩集作『浮瓦嚴霜皭』。後有『簾鉤颺自鏗，窗紙鳴如霍』。

東鄰

東鄰有田父，編籬以爲牆。門外多野趣，時聞蔬菜香。婦子各嘻嘻，老少俱安康〔一〕。

校記：〔一〕句下静庵詩集有『穰穰歲功畢，土室多蓋藏。卒歲製衣褐，新年羅酒漿。一生無別離，三時少感傷。豈知蓬户外，羇人泣路旁』。

宿上黨書院早起即事

山戍柝聲微，耿耿星光曙。素練挂喬林，驚飆響枯樹。山重抱郭寒，月落臨溪住。鳥路入村烟，飛帶殘雪去。

觀化

四序疊相嬗，既秋還復冬。朱門貂裘客，茅屋鹿皮翁。營營各有求，擾擾將安終。端木方貨殖，原憲守蒿蓬。彼此或易觀，相笑不相從。吾觀覆載内，誰尸造物〔一〕功。冥心觀物化，沛然遊太沖。

校記：〔一〕『物』，静庵詩集作『化』。

詠　古〔一〕

項羽氣蓋世，百戰能百勝。劉季有大度，勇力非所競。一朝得天下，三傑爲佐命。羽有一范增，疑忌奪其柄。况復好屠戮，所過無一剩。賢爲國之寶，好生天地性。二者羽無一，大統何能正？淒涼帳下歌，寂寞阿城堋。存亡雖有數，仁暴豈素定？後世論興亡，盍以楚漢鏡。

校記：〔一〕静庵詩集詩題作古意。

晚登山亭

山腰斷處千峰横，雲鬟螺髻何娉婷。斜陽一半籠山城，卵色天圍夏〔一〕景清。西方魚鱗雲葉赬，或如獅象牛馬形。新月纖纖魄讓明，一指掐破晚天青。三三五五綴疏星，霞光四射〔二〕紛晶瑩。蕩摇萬木風滿亭，吹散黄鸝布穀聲。

校記：〔一〕『夏』字底本缺，據静庵詩集補。〔二〕『四射紛』，静庵詩集作『射處奪』。

禮王克勒馬歌

長白山前聖人出，王侯將相皆英哲。天地鍾靈〔一〕物亦奇，房駟儲精挺毛質。憶從賢王著戰功，薾〔二〕雲逐電追長風。沙場增長三軍氣，青海奔騰萬里雄。人因馬勇頻揮刃，馬同人心能破陣。一馬長嘶萬馬喑，龍駒到此真神駿。戰罷歸來氣不驕，路人動色嘆賢勞。戰血淋漓雜汗血，桃花片片映霜毫。驍雄忠義俱堪欽，王歸天上馬呻吟。金鞍玉勒爲君死，七日淒涼絶粟心。嗚呼唐昭陵，漢西域，石摹形像銅鑄式。若先忠義後驍雄，九駿六駿皆無色。乃知國士忘身馬亦貞，人間騏驥有真評。作歌萬古傳英烈，豈是尋常畫馬行！

校記：〔一〕「天地鍾靈」，静庵詩集作「地鍾靈秀」。〔二〕「薾」，静庵詩集作「籋」。

題劉蕺山先生遺照〔一〕

有明末季瑺燄熾，紛紛鉤黨事羅織。蕺山先生善息機，居平守道非求異。先生學本周濂溪，主静立極開昏迷。社約〔二〕人譜照千古，樂行憂違理必齊〔三〕。柏臺勁節鷹鸇奮，羽翮頻摧鋒愈峻。已從北闕哭銅駝，更向南都顧墮甑。馬士英、黄鳴俊，喪師亡〔四〕國争生孽。草莽孤臣血淚枯，安能徒手收餘燼？鳳林淒涼殯宫古，舟過西洋泣風雨。先生已作文天祥，門人更得王炎午。吁嗟乎！先生没後百餘年，蕺山之雲生紫烟。全受全歸吾事畢，虚煩後代寶遺篇。拜公遺〔五〕像展手澤，筆勢端勁神飛騫〔六〕。牙籤古錦善什〔七〕襲，中有寶光虹氣〔八〕凌長天。

校記：〔一〕静庵詩集詩題作劉蕺山先生小照代畢秋帆題。〔二〕『社約』，静庵詩集作『古社』。〔三〕『樂』，静庵詩集作『達』；『必』作『則』。〔四〕『亡』，静庵詩集作『辱』。〔五〕『拜公遺』，静庵詩集作『載拜公』。〔六〕『勁神飛騫』，静庵詩集作『秀如飛蹮』。〔七〕『什』，静庵詩集作『封』。〔八〕『虹氣』，静庵詩集作『神氣耿耿』。

贈胡君

胡君落魄貧如洗，手執一編時自喜。典衣招致素心人，酒滿清樽詩在几〔一〕。掃去〔二〕浮華露性靈，塵坌蕩滌餘〔三〕清泚。有如觸熱到君家，快嚼冰桃吸瓊醴。君不見昔日孟東野，悲思〔四〕哀情藉詩寫，左右昌黎失張賈〔五〕。又不見蘇家子美亦豪雄，琅函玉簡摇長虹，往往驚倒歐陽公〔六〕。吁嗟乎！古來志士多〔七〕如此，生前飢餓困〔八〕蓬廬，身後名垂〔九〕長不死。

校記：〔一〕此句後，静庵詩集有「人笑胡君狂且癡，我謂胡君貧愈美」。〔二〕「掃去」，静庵詩集作「痛掃」。〔三〕「餘」，静庵詩集作「乃」。〔四〕「思」，静庵詩集作「豔」。〔五〕静庵詩集無此句。〔六〕「歐陽公」，静庵詩集作「昌黎六一公」。〔七〕「多」，静庵詩集作「皆」。〔八〕「困」，静庵詩集作「守」。〔九〕「垂」，静庵詩集作「傳」。

四月初六夜作

欲來不來雲欲〔一〕浮，欲雨不雨天如秋。新月已挂城頭樹，野燒忽驚城上鷺〔二〕。眼中清景由我〔三〕結，我欲因之離言説。須臾月落雲歸山，榆莢風寒撼户環。

校記：〔一〕「欲」，静庵詩集作「如」。〔二〕「鷺」，静庵詩集作「鳥」。〔三〕「我」，静庵詩集作「幻」。

五月晦日作

暝色來何驟，銀河瀉若聞。陰凝千嶂墨，風豁半巖曛。極浦雷聲走，靈湫腥氣熏。燿然明電火，老樹夜撑雲。

即　事

今夜西崖月，徘徊碧樹巔。亂雲紛似絮，遠火小如錢。松老濤聲勁，天低塔影連。疏鐘何處發，清韻半空懸。

送人還南

朔氣來邊塞，粘天上黨寒。春風吹不散，雪片大如盤。三日太行道，都嗟行李〔一〕難。憐君猶襆被，獨自事征鞍。

校記：〔一〕『李』，静庵詩集作『旅』。

東山亭餞別孫浴泉

雲澹雨痕净，月華衣上明。前村飛暮靄，遥壑答鐘聲。坐有將歸客，因含送别情。江南風景好，比似此時清。

浴泉行後因憶故園有作〔一〕

月色青霞散，天光碧水空。故人千里思，一夜到江東。聞説梅花樹，千株繞雪宫。君歸吹玉笛，清嘯興〔二〕誰同？

校記：〔一〕静庵詩集詩題作浴泉行有日矣月夜盤桓因述肇莊風景感而有作。〔二〕『興』，静庵詩集作『與』。

寄徐九星伯

山館飛黄葉，蕭蕭感客情。河聲宵入樹，岳色曉連楹。古戍嬰兒國，殘陽石勒城。興亡何處問，懷抱惜平生。

附五律摘句：向晦：『蟲吟草堂雨，花落豆棚秋。』夏日雜詠：『暗雲含雨氣，纖月借星光。』遣興：『林篩昨夜雨，灘湧隔山雷。』殘月：『寒飆偏撼樹，黄葉欲堆門。』偶詠：『鐘聲初出寺，月魄半藏星。遠山都帶雪，危塔欲粘星。雲垂高樹紫，日落大荒青。』雨後：『星光樹上溼，月魄雨餘寒。』立春日即事：『枯槐生夜火，老鶻作秋聲。』

遣興

槐烟槲葉擁茅庵，日色輕籠宿雨含。懸鐸穿林牛子母，攀香入手橘酸甘。野花開後香〔一〕猶在，小鳥來馴態更憨。若欲更尋名勝地，南山之北北山南。

校記：〔一〕『後香』，靜庵詩集作『敗橋』。

郊原

曖曖郊原帶夕暉，秋林未醉葉先稀。白雲渡口無舟泊，紅蓼洲前〔一〕有雁飛。山到四更方吐月，客逾九月尚無衣。江南應有〔二〕佳風景，却怪先生總不歸。

校記：〔一〕『前』，静庵詩集作『邊』。〔二〕『有』，静庵詩集作『更』。

張船〔一〕山先生枉顧詰朝往謝未遇却寄

文章報國止〔二〕區區，經濟全憑七尺軀。未必東山無劇孟，可知江左有夷吾。相門此日稱才子，英略他時起懦夫。我亦平生嘲畫餅，於今方信有真儒。

校記：〔一〕『船』，静庵詩集作『卷』。〔二〕『止』，静庵詩集作『只』。

即事

澤潞軍威耀電霜，時清無復事鷹揚。秋風簫鼓嬰兒廟，落日牛羊亞子岡。伯易感山垂鑑戒，牧之論戰括興亡。閒聽野老誇形勝，夾寨勛名豔鐵槍。

自安邑至平陽道中有感

又從安邑動行輈，只恨中條未暢遊。樹繞岳陽連嶂雨，雁飛汾水滿河秋。殘書敝篋淹三晉，破帽青衫歷四州。今日穿雲千仞上，曾〔一〕看馬首入純留。

校記：〔一〕『曾』，靜庵詩集作『會』。

望中條山

此地條山夙擅名，居中如帶錦紋〔一〕生。金蓮西峙開三朵，天井東盤疊八陘。一代英賢推表聖，千秋諫議慕陽城。峥嶸雷首還相接，薇蕨香風拂面清。

校記：〔一〕『紋』，静庵詩集作『文』。

西行雜詠　十五首之二

仄徑攲斜野景荒，鈴聲迸擊走危岡。收棉客户黄茅屋，賣餅人家亂石牆。甘與馬牛聯早櫪，偶偕童僕話興亡。武安幾輩榮封號，千載功名一拍張。

周匝岡陵遮護圓，個中通道幾〔一〕人烟。山腰漾緑初生麥，土竈聞香止賣饘。古塚有碑依斷樹，雛鴉何事躍空田。居民饒有豐年樂，曝背歡談坐道邊。

校記：〔一〕『幾』，静庵詩集作『聚』。

故園

故園松竹久〔一〕荒蕪，四載都門類守株。鑿齒未聞人得半，長頭輟講我多迂。已從夢裏占蕉鹿，謾向雲中辨乙鳧。回首池塘徒悵望，一番草緑一憐吾。

校記：〔一〕『久』，静庵詩集作『漸』。

戲贈

倩得贏驂款段行，方塘初見緑荷盈。朱曦斂處羅衣颺，好雨晴時屐齒輕。錦里高槐閒蔭馬，畫樓垂柳喜藏鶯。李公橋畔堪回首，竹徑蕭條翠浪生〔一〕。

附七律摘句：夏日遣興：『萬里客魂迷晉嶺，五更歸夢渡漳河。』送人還京：『風雪一樽人去晉，山河四塞客歸燕。』西行雜詠：『風霜古渡河冰合，燈火山城麥飯香。』『馬蹄踏石朝生火，犬□欺人夜吠燈。』即事：『客渡漳河秋水闊，山連壺口夕陽斜。』題齋壁：『藤蘿不散窗前緑，雲日常含野外輝。』

校記：〔一〕『生』，静庵詩集作『横』。

雜詠 七首之一

雲〔一〕懶不歸山，鐘清纔度嶺。新月自徘徊，滿地槐檀影。

校記：〔一〕『雲』，静庵詩集作『雪』。

初聞蛙聲

連朝陰雨晚來晴，小步虛廊月色新。恰似江南寒食後，池塘青草聽蛙聲。

盆中海棠

秋風亭榭雨如絲，絡緯蕭蕭傍小池。不捲珠簾看秋雨，爐香初上海棠枝。

初到潞安郡齋

又伴殘書入小齋，青燈白酒暫開懷。海棠枝上瀟瀟雨，却送秋聲枕上來。

七夕立秋和章畹九 四首之一

二〔一〕年離別未爲多，脈脈關情隔絳河。秋以爲期今信已，也應天上買侯羅。見夢華録。

校記：〔一〕『二』，静庵詩集作『一』。

讀史

經濟全無禄妄干，勢傾朝野據高官。雙雙令史從君宿，丐得佳驢與燭盤。庚炳之。
雞籠山下播虚聲，散騎巾褠佐聖明。天下爲儒無二道，紛紛四學太多名。雷次宗。

左堅吾一首

左堅吾 字叔固，乾隆間國學生。王晴園左叔固墓表：『叔固，名堅吾，父諱周，浙江甯紹台道。母恭人，海峰劉先生女也。叔固少依其尊人，歸里時年十七八。予讀書海峰先生家塾，叔固常來省先生，因與縱談學問，及所以爲人之道。而叔固天姿超絶，於經史類能得其大意，下筆灑灑千言，尤能得古人文章深處。然性不諧俗，於世俗科舉之學，絶不以措意，至當世名人述作，往往出一言摘其瑕纇，如衡之於輕重，鑑之於妍媸，至當而不可易。己未正月予偶旋里，索其近日所著述觀之，不出，若有甚不自得者。及予之東流數歲，叔固日日製硫磺服之，毒發死。著述無一存者，予尤慟焉。』

壽劉浣溪七十

蘿薜簪纓两共忘，獨餘詞客拜靈光。士衡入洛聲先盛，張緒談經老更狂。濁酒不辭澆短鬢，名駒久已賦長楊。願公且住三千歲，用坡公句。雛鳳還隨老鳳翔。

左繡一首

左　繡　字嗣張，號杕齋，乾隆間縣學生，有浙遊詩草。

秋柳

無復纖腰似小蠻，涓涓涼露問誰攀。蕭疏古驛笳三弄，寂寞横塘月一灣。往日鶯啼思板渚，於今笛怨泣秦關。可憐一望隋堤路，空鎖寒烟秋水間。

左畹蘭一首

左畹蘭 字蔭華，號問源，乾隆間縣學生。

暮春

雨過平橋水漲川，桃花落盡柳含烟。無端又是春將去，怕聽枝頭唤杜鵑。

左江二首

左江 字書華，號蒸雲，乾隆間處士。

立秋日新霽

積雨幾經日，晴雲敞太空。萬山争旭日，一葉下秋風。薄醉懷村酌，長鳴聽草蟲。野人拙生計，惟解望年豐。

留别方又東

剪燭西窗夜欲闌，素心人戀一枝安。懷歸却説輕離别，直到歸時别又難。

左德魁二首

左德魁　字正甫，號燊齋，乾隆時諸生，有一隅齋詩草。

雨花臺

雨花臺以雨花名，花雨紛飛建業城。雨花開士西歸去，建業秋風動客情。孫楚樓頭空月影，陵春閣下有鴉鳴。綺情梵意俱沉寂，閒倚雕欄譜鳳笙。

青山道上

曉風晴日帶流霞，曲徑遥通五里賒。行過石欄亭子處，两三松竹小桃花。

左　標四首

左　標　字集生，號磊軒，乾隆間處士，有紅芀山館詩草。

秋日雨後浮丘山行宿僧寺用昌黎山石韻

山石雨餘返照微，紫霞盤谷瀑練飛。風篁動摇墮殘滴，椶櫚緑浄紅椒肥。怪禽聲雜眾壑瞑，少焉日出人蹤稀。林際昏黄投古寺，蔬蔌肴饌堪充飢。老僧談玄坐方丈，花宫梵響澄荆扉。獨宿雲房晨興起，蒼巖霧溼朝烟霏。竭來青鳥巢佛髻，洞天泉吼桫羅圍。攀援呼嘯踞絶壁，莓苔鮮翠沾裳衣。乾坤清景此長在，浮生名利焉足鞿。兹行幽邃暫延佇，終期結茅同所歸。

雨後登合明山

爲愛烟嵐雨後佳，行緣沙澗屐痕斜。一灣春水六七里，半嶺雞聲三兩家。芳草緑迷遊子路，桃花紅上美人車。興長不覺歸途遠，已見山村噪晚鴉。

寄　内

堂上姑嫜在，承歡勿等閒。休爲夫婿慮，憔悴鏡中顔。

口號贈劉鵬南

燈青酒緑恣雄談，杜牧風情老尚堪。聞道竹枝新樂府，小紅傳唱遍淮南。

左德升二首

左德升　字寅〔一〕生，號日亭，乾隆時處士，有滌凡齋詩草。

校記：〔一〕『寅』字底本缺，據左氏家譜補。

秋遊𠃑山

地形欲盡一峰延，不道蜂腰斷復連。紅樹山村秋水外，白雲禪寺夕陽邊。風號古洞龍何處，梵歇疏林客共旋。我獨逍遥遊未了，重來此境是何年？

春晴曉景

日照高樓早霧消，杏花紅放柳垂條。隔溪一帶春如許，檢點騎驢過小橋。

左　暟一首

左　暟　字藻儀，號滌齋，乾隆間歲貢生。

玩華亭

淺水平沙橫小市，萬山秋色鎖長虹。雲迷官閣苔痕淨，竹隱禪房石徑通。幽磬一聲青嶂裏，奇峰千疊夕陽中。老僧許我還山榻，明月清風醉碧筒。

左元一首

左元 字修存，號愛吾，乾隆間諸生，有元樓詩草。

雜詠

垂楊垂柳綰邗溝，傷別傷春豈自由。二月鶯花懷故國，滿天風雨作離愁。斷無散失雲中雁，絶不猜嫌水上鷗。他日重尋揮手處，驚濤泊岸一孤舟。

左智一首

左智　字乙光，號益堂，乾隆間諸生，四庫館議叙縣丞，有稽亭詩草。

留别諸親友

憶昨隴西遊，萬里迷霜草。風卷白沙飛，閉户頻揮掃。寂寞擁寒氈，編簡慵究討。舉目無親朋，鬱鬱傷懷抱。憂積痼深沉，參苓欣再造。有弟客河州，驅車尋雪道。陣陣朔風淒，忽忽寒歲杪。柏酒曾元正，天涯逢舊好。促膝話相思，回首悲年老。門外馬頻嘶，又促登程早。欲去仍停驂，古木啼春鳥。聲聲怨别離，漠漠愁多少。日暮更何之，山疊河旋繞。茅店酒頻呼，顧影憐枯槁。夢覺夜燈寒，鞭策晨霧杳。他日雁西來，跂足瞻雲表。

左長春一首

左長春　字萃生，號介亭，乾隆間官岷州吏目，有出塞草。

出　塞

輕車遠出玉門關，滿目荒烟大漠間。萬里故園何處是，登程未計幾時還。

左其蒲六首

左其蒲　字澗依，號聽庵，乾、嘉間諸生，有聽庵詩草。

春夜對月有懷

東風何處來，春光已如此。芳草欲盈階，垂楊復映水。薄暮獨登臺，望望金波起。皓魄滿碧空，遥遥竟千里。感此懷故人，于焉彈緑綺。

雪蕉園納涼

廛市蹋終年，始覺郊原敞。雲樹鬱蒼蒼，沿緣恣俯仰。草堂歌山麓，幽棲信無兩。竹徑引風涼，荷池迎氣爽。清泉木末下，明月波中上。雨止萬山開，鷗蕩荷珠響。結伴興偏多，徘徊愜幽賞。

秋江夜泊

江空孤月迥，短櫂此中行。風起秋無際，潮流夜有聲。惟兹一樽酒，莫解别離情。料得深閨夕，應憐萬里程。

溪上晚歸

月出川上寒，古寺鐘初動。歸路不逢人，溪雲迭相送。

秋水

溪流活活曉寒多，白露蒼葭意若何。滿浦秋容已零落，不堪重唱采蓮歌。

柳枝詞

幾株楊柳大堤邊，落日青青帶晚烟。莫遣飛花勝白雪，江干春去有誰憐。

左壎四首

左壎 字彝楷，號翊亭，嘉慶癸酉副榜，有翊亭詩鈔。左陋居序曰：「翊亭白下維舟，西湖放棹。嘆風雅之窮人，疑文章之有鬼。錦囊心苦，寶劍光騰。搜畫篋之千篇，將咸陽之一炬。爰拾爐餘，俟陳輶采，庶幾來者，想見平生，共識驢背之情多，尚使雞林之價重也。」

寄王介盤

圖畫輞川地，聲名河堵詩。只今堪繼美，自昔已耽奇。萬卷坐常擁，頻年行每岐。清霜松桂滿，何以慰秋思。

春夜遣懷東錢莪亭

把劍雄心在，悲歌往事空。輕寒三月雨，離恨五更風。伏案兒能學，持家婦賴窮。飛花無定跡，摇落自西東。

紫霞關憶觀新

曾共浮生半日閒，題詩還過紫霞關。春風两地人千里，石上苔痕滿目斑。

次劉愛巖寄懷韻　二首之一

江烟靄靄欲黄昏，好句堪將雲夢吞。憶自浮槎來海上，一帆風雪過吴門。

左秩三首

左秩　字秩音，號戊山，嘉慶間布衣。

送王木森之金陵

木蘭爲舟錦爲帆，石尤飄蕩水狂瀾。與子共呼助邪許，十年憔悴濱江干。輕舠忽送人萬里，破浪乘風從此始。鼉鼉白日不敢驕，潛蹤斂跡江湖裏。海水泱漭浩無涯，三山聳立神僊家。漫地扶摇真可接，故人舴艋在平沙。

冬杪留别周二諧音

時序驚心夢裏過，百年事業愧蹉跎。袁安卧宅歡情少，王粲登樓感慨多。風雨一燈人易老，雲山千疊信難磨。相依□□難言别，班馬蕭蕭可奈何。

紀災　五首之一

嗷嗷鴻羽遠將翔，南北分飛作幾行。覓食可憐新作丐，含羞未敢共登堂。

左琅五首

左琅　字竹溪，嘉慶間國學生。

登大觀亭

江上孤亭矗，登臨望不迷。夕陽天柱遠，春水海門低。院落殘碑在，林陰野鳥啼。徘徊新月上，歸路向城西。

雨霽郊外

郊外雨初霽，尋幽興不窮。草隨春意緑，花共夕陽紅。流水彈瑤瑟，歸雲斷彩虹。一聲樵子唱，松徑月玲瓏。

皖試歸途作

憔悴誰憐季子顔，歸途長嘯碧天慳。斜陽細雨樅江渡，短策秋風馬步山。浮世往來頻有夢，流光荏苒轉如環。明朝已是重陽節，菊飲東籬悄閉關。

秋望

傑閣聳雲際，乾坤指顧間。蒼茫秋浦外，都是故園山。

閨怨

雨過黄昏小院幽，晚涼池畔月如鉤。芙蕖故撩人愁思，一樣花開出並頭。

左崙一首

左崙 字虚舟，號祖山，嘉慶間處士。

三元洞

丹梯聳峙徑回環，占盡烟霞是此間。借石爲門雲入竇，懸崖結屋草垂鬟。一重洞壑一重路，半在江心半在山。却笑五丁開闢久，纔抛蠟屐叩元關。

左朝第二首

左朝第 字匡叔，號復庵，嘉慶庚午舉人，有□□集。劉孟塗贈序曰：『匡叔以忠信直諒爲同輩推許，尤長史事，於成敗治亂洞如指掌。』

蕪湖懷古

轅門鹿角衛宫闈，擊鼓鳴笳慘落暉。百戰尚思争地險，孤軍能不畏天威。江南士女知花馬，水底魚龍護葛衣。聞道將軍有遺鏃，招降親見大鍠飛。

莫愁湖

金粉飄零六代間，登樓北望見鍾山。盧家一片明塘水，燕語迢迢客往還。

左祠三首

左祠　字韻齋，嘉慶間布衣，有琴堂詩稿。

答吴大來茂才冬晚見懷韻

歲晚思公子，延陵路幾重。野風生古社，落日上寒松。自有金蘭契，非關邂逅逢。棧雲和嶺樹，相望莫辭慵。

過華嚴寺懷無可大師

時與願相違，先生竟不歸。只將家國淚，灑向比丘衣。方丈今猶是，瞿曇舊已非。惟憐岩畔月，寒夜照清機。

送周荻書赴廣東薄將軍幕

玉笛吹來折柳聲，把杯勸進不勝情。三春風雨方羈旅，萬里關山更送行。莫厭金笳思故國，好襄銅柱立邊城。此時直入蓮花幕，惟念天涯陟屺人。

左勷一首

左勷 字岃亭，嘉慶間處士，有西園草。

登吳山懷古

海氣江流仍昔時，名城遺跡重今思。宋朝冠帶燐千點，越國河山酒一卮。赫赫社壇新宅舍，離離禾黍故宮基。憑高矚目無窮感，不獨寒潮泣伍祠。

左五瑞一首

左五瑞　字新園，嘉慶間監生。

雜　詠

東風緑遍翠微堤，山閣遥聞杜宇啼。一徑落花紅雨亂，滿天飛絮暮雲低。三巴迢遞江潮長，石棧紆回春日西。最是令人愁絶處，曉鐘聲裏雜荒雞。

左　丞三首

左　丞　字肖忠，嘉慶間監生，有朱塢詩草。

宿妹夫林文琛莊

江風三十里，吹我到君家。親舊情偏重，山河路獨賒。浣鐺煨宿酒，燒燭作新花。此夜應留戀，明朝天一涯。

謁忠毅公祠

瑠禍無端及縉紳，我公忠毅著臣鄰。幾朝培植六君子，舉世摧殘一小人。剴切血書家鄭重，唐皇封疏史頻陳。浮生亦有須臾事，忍負朝廷惜此身。

贈劉臨江丈

草莽低頭我固窮，深心一片爲誰雄。才如明復貧何累，詩到夔州老愈工。溪水碧時貪夜雨，岸花紅處識春風。於今更喜門成市，什伯人中謁沈公。

左鉽掄三首

左鉽掄 字倫甫，號節吾，道光間縣學生，有尺蠖居詩草。

岳武穆

未抵黄龍府，金牌下兩河。十年勞戰伐，三字起風波。將士皆忘死，君臣只議和。六陵終暴骨，遺恨至今多。

符離道中

北地風狂秋瑟瑟，南天雲罨路茫茫。荒橋古驛知多少，又過符離古戰場。

梁溪舟中

層層陰霧隱樓臺，雲水光中打槳回。一路歌聲互相答，遊人都自惠山來。

卷二十七

徐　裕
蘇求敬　同校

葉燦二首

葉燦　字以沖，萬曆癸丑進士，官至禮部尚書，謚文莊，有天柱、南中、廡下等集。明詩綜系傳：『由進士改庶吉士，授編修，遷南國子司業，歷左中允、左庶子。天啟末以魏璫故削籍。崇禎初補少詹事，兼侍讀學士、禮部侍郎，進禮部尚書，卒謚「文莊」。』

抱病

明詩綜選　御選明詩録

別業空山裏，孤燈獨夜身。交遊江山淚，風雨病中人。宿鳥翻深竹，溪流響亂榛。居然成小隱，日日白綸巾。

寄題朱太常園林

碣石滄江借不難，千章萬个碧琅玕。花間白墮青絲舫，郊外籃輿紫籜冠。礙日樹交晴欲〔一〕暝，當窗瀑射〔二〕晝長寒。相逢莫怪如泥醉，齋禁歸來禮數〔三〕寬。

三四似大曆韓君平。

校記：〔一〕『欲』，龍眠風雅作『自』。〔二〕『射』，龍眠風雅作『灑』。〔三〕『禮數』，龍眠風雅作『喜得』。

葉　組三首

葉　組　字紫若，號鏡湖，燦從弟，崇禎間諸生。

雨中登滕王閣

客路逢淫雨，聊兹閣上遊。雲迷山失〔一〕岸，水漲樹低舟。帝子名誰識，才人序獨留。讀碑論往事，興廢若關愁。

校記：〔一〕『失』，龍眠風雅作『没』。

山居述懷

多累還山漸欲紓，杜康隙末不須沽。減糧因放翻書鶴，破硯何煩録事珠。怪石森嚴堪作丈，野花鮮脃可充蔬。誰爲懶性生憎者，尚託長鑱藥术〔一〕扶。

校記：〔一〕『术』，龍眠風雅作『餌』。

游靈谷寺

躡屩名山愜宿緣，孝陵佳氣蔚蒼烟。疏鐘風落傳松徑，空殿雲扃恍洞天。雁塔常明三世火，蜂臺昔引八功泉。寶公真法歸何處？頂禮徒依古像前。

葉士瑛二首

葉士瑛 字潛之，號瀛州，燦子，崇禎甲戌進士，觀政未期卒。潘木崖曰：『公爲曹峩雪門下士，文章沉博絶麗，不愧臺閣，惜未究其用，詩亦力摹初、盛，惜少傳本。』

因籌兵過妙高寺謁馮少師化身

石自爲供花自茵，鳥聲啼亂夕陽春。尋常紀夢疑前事，今日參山是化身。香氣滿林烹白水，虚堂一榻倚蒼筠。青楸翠栢年如此，何必桃源學避秦。

都門留别劉湛六殿元及諸同年

金門柳色唱〔一〕驪歌，早有西山爽氣過。自沃〔二〕君羹鱸思切，喜聯仙籞鳳毛多。風烟不斷黄花戍，雲日常懷太液波。欲向龍眠尋舊業，雞聲還與聽鳴珂。

校記：〔一〕『唱』，龍眠風雅作『動』。〔二〕『沃』，龍眠風雅作『飫』。

葉士璋一首

葉士璋 字允男，號玉山，燦子，廕生，官户部郎中，有娱竹山房詩稿。

贈朱子葵

只道玄亭遠，那知咫尺間。相思盟白水〔一〕，佳趣共青山〔二〕。絃誦聲相接，雲烟剩一灣。抱琴如有約〔三〕，來往未爲艱。

校記：〔一〕『盟白水』，龍眠風雅作『不命駕』。〔二〕『佳趣』句，龍眠風雅作『徐步即開關』。〔三〕『約』，龍眠風雅作『意』。

葉文鳳三首

葉文鳳　字子羽，號岫雲，順治戊子副榜，官長興知縣，有松關、北征諸集。

雨餘

一村烟雨細，灑潤入書堂。近圃看瓜緑，循塍聞稻香。蟬鳴初爽樹，鴨噪乍盈塘。坐聽農歌發，家家早滌場。

秋夜

秋意入林樾，松濤萬壑聲。天高疑月小，嶺峻覺風輕。歷落柴門靜，空明湖水平。草蛩迎夜氣，清響達深耕〔一〕。

校記：〔一〕『耕』，龍眠風雅作『更』。

九日遊友人園林

古樹蕭疏間密篁，沿溪夾岸有回廊。入盤秋果從風落，撲鼻野花凝露〔一〕香。蠟屐不妨橋上着，箬冠偏稱客中裝。主人留我籬邊酒，何必茱萸盛滿囊？

校記：〔一〕『凝露』，龍眠風雅作『何處』。

葉故生一首

葉故生　字大慚，號孝門，布衣。王悔生曰：『孝門性不諧俗，書法瘦勁，詩亦生硬孤峭，如其爲人。家甚貧，饔飧不繼，泊如也。徐雨峰中丞守郡，知其能詩，每一篇出，輒稱誦不置，生平爲詩盈篋，一日遇盜江上，並其詩胠之不遺，故今傳者甚少。』

南　都

南都舊苑散雞豚，草蝶沙蟲冷巷門。故老猶言支半壁，狡童那復念中原。花飛粉黛珠樓夢，土蝕衣冠玉殿魂。寒食春風吹血處，杜鵑聲苦痛王孫。

箕子所詠狡童，正福王之謂也。

葉　酉三首

葉　酉　字書山，號花南，舉博學宏詞，乾隆己未進士，官春坊左庶子，有日下草。

李富孫鶴徵録：『花南由監生太常寺卿王澣荐舉鴻博試未用，後成進士，官庶子。生平志行堅確，不妄交遊，尤邃於經學，所著有詩經拾遺、春秋究遺。』貢舉考略：『乾隆甲子，河南典試編修葉酉。』袁枚序詩集曰：『葉庶子與余同試宏博，後舉京兆，登進士，入詞館皆同。其日下詩草質不過樸，麗不傷雅，洵足以光揚緝熙，照章玄妙。』隨園詩話：『書山生平專心經學，作詩亦有性情。』姚惜抱集懷葉書山詩：『遺學千秋賴服膺，閉門白首向青燈。伏生老有殘經懼，韓愈師爲舉世憎。終夜思君今砥柱，秋風吹客又巴陵。滔滔身世成何事，愧憶當年許代興。』

出都

行年七十古來稀，東馬嚴徐事已非。檢點良方醫老病，所需藥物是當歸。
白石清泉故自佳，九衢車馬漫紛拏。欲知此後春相憶，只有豐臺芍葯花。
行道匆匆髩欲疏，騎驢猶憶入京初。蒯緱一劍酸寒甚，今日歸裝有賜書。

葉晏安二首

葉晏安 字景安，號敬齋，雍、乾間諸生，有同聲集。

頤莊索笑居

欲覓笑口開，還向檐前步。雪後不知寒，坐望嶺頭樹。最喜南枝早，惟恐香魂暮。繞屋漾微風，昏黄月影度。

夏日漫興次胡蛟門韻　十八首之一

紫蝶黄蜂一任忙，長年高卧不妨僵。羲皇半枕人初醒，風送荷香過短牆。

葉　灼五首

葉　灼　字坤生，號仲平，乾隆癸丑進士，官洮州同知，署鞏昌知府，有碧梧軒詩鈔。

子璲曰：『先君白首歸田，生平以不工於詩爲憾，即間有寫懷唱和諸作，不欲自存其稿，兹檢點笥篋中遺篇録之，得如干首，將以刊爲私集云。』

送八兄歸里

路入鄉關近，登程易到家。多栽先隴樹，略種小園花。婚嫁縈心早，親知話舊賒。匆匆看度歲，檢點事征車。

唐陶山方伯招飲看菊

邠州東下雨濛濛，忘卻重陽驛路中。訪菊未邀金鏡月，看花忽對錦屏風。清標晚節應相似，遠道秋風恨不同。秀石蒼苔頻點綴，一樽坐對識天工。

楊師竹同年入都相晤金城

三年考績奏膚功，按部行來馬首東。金闕芙蓉迎曉日，玉關楊柳度春風。相逢琴鶴猶如舊，漫託鱗鴻竟未通。無限離情樽酒外，異苔從古重岑同。

夏日即事和謝堯農

繞郭千畦豆與瓜，閒遊蕭寺見蓮花。城南更是誰家院？一帶青溪似若耶。

將到甘省

清明沽酒醉旗亭，殘雪寒風一路經。道是向陽先得氣，蘭山瞥見柳青青。

葉夢松二首

葉夢松 字翔霄，號聽雪，嘉慶間太學生。

題師荔扉擷華圖

雲壓衆山川，三峰青到天。巨靈分翠靄，玉女散春妍。壁削凝嵐瘦，潭清倒影懸。有蓮花十丈，曾見藕如船。

題黄菊竹子畫扇

高下籬間秋色，蕭疏林外風聲。疑是七賢居士，來親五柳先生。

葉　玢六首

葉　玢　字韞夫，號石似，嘉慶庚申舉人，官西平知縣。璈按：余於嘉慶戊辰、己巳在都中，見石似所作絶句詩，有極似齊梁人小樂府者，今其嗣君新之比部出示殘帙，則向所見者皆不復存，盖其散佚不自收拾者什之八九矣。

唐宫怨　與方杏巢、姚錫九分賦。

明月隱昭陽，菱花照晚妝。待將迎鳳輦，何處舞霓裳。無奈西風急，其如秋夜長。幾回清夢裏，猶覺侍君王。

送熊魯生之西蜀

劍閣西南鎮，天開玉堞新。行過秦棧日，正是蜀門春。走馬看三峽，尋花渡五津。想登驛樓上，風月應懷人。

贈静光上人

許尋仙跡到蓬萊，閒種白蓮招客陪。雲裏鐘從空外落，月中人自上方來。垂檐野鳥迎風語，曲徑春花繞澗開。已是净明無一物，老僧何用拂塵埃。

送人南歸

下馬君方來，上馬君復别。不見江南雲，空對西山雪。

懷吴静涵

江水悠悠江上居，緑蘆紅蓼正肥魚。水心亭下鯉三尺，不見緘來尺素書。

蘭陽渡口阻風

黄河夾岸柳如絲，攀盡長枝復短枝。繫得行人驄馬住，可憐不是别離時。

葉琛一首

葉琛 字琴六，一字晴麓，嘉慶戊寅舉人，泰興教諭。甘泉謝堃春草堂詩話：『琴六爲太湖山長時，有修龍門餘項千數百金，請孔明府生息，爲書院膏火，獎賞孔重，琴六從之。去時，士子攀轅流涕。』

大風過鄱陽湖

萬壑吼如牛，鄱湖水怒流。大風排濁浪，落日冷孤舟。烟樹秋無色，檣帆暮未收。驚魂那得定，沙上羨眠鷗。

倪應眷二首

倪應眷　字申之，號吉旋，萬曆丁未進士，官南太僕卿。潘蜀藻曰：『公由進士官上杭令，擢御史，值光宗崩，疏請正紅丸之罪，旋陳保身、謹微、講學、勤政、納諫、擇相六事疏。楊公漣去國，公抗疏請留，楊、左被逮，公坐削奪，後起爲太僕卿。告歸，卒年八十。』

元日集慈雲庵

曾無隔歲約，元日集禪宮。樹色寒暄裏，年華新舊中。淡知蔬味永，閒可俗情空。生事歸岩壑，還期静者同。

雨晴登西山

但得層巒霽，攜笻即共躋。風和知沍解，野迥覺天低。罇煖燒枯葉，盤香發舊虀。數聲山寺磬，已過竹林西。

倪應奉一首

倪應奉　字□□，有讀易齋詩鈔。

驟　雨

雨驟泉聲急，雲涼樹色濃。不知何處寺，忽送一聲鐘。

倪嘉善四首

倪嘉善　字受之，號瓊圃，天啟壬戌進士，官春坊諭德，有媚筆泉集。明詩綜系傳：『字廸之，由進士改庶吉士，授簡討，遷司業，歷中允、右諭德。』潘蜀藻曰：『先生爲太僕應眷公子，官翰林。時太僕以直忤璫，先生亦請假歸。崇禎初起官，疏論君德甚悉。朝鮮擅廢立，上命草檄，義正詞嚴，上稱善者久之。』朱彝尊静志居詩話：『崇禎己巳，帝幸太學，賜倪公坐，講周易泰卦。又嘗侍經筵，講論語「益者三友、損者三友」，帝問孰爲益，孰爲損？對曰：「天子尚友，上法堯舜而已。」帝爲改容。』郡志：『仕當國步艱難，每退食吁嗟，致憂憤成疾卒。爲人孝友淵静，潛心古學，所爲詩文，亦典贍斐亹，不蹈故常。』

郊遊

積雨澄初霽，春郊草欲齊。離塵當勝地，小憩愜幽棲。澗淺新流漲，峰高薄霧迷。芳菲紅滿岸，疑是武林〔一〕溪。

校記：〔一〕『林』，龍眠風雅作『陵』。

楓林

挂帆遵遠渚，夾岸繞村家。欲墜風前葉，猶濃霜後花。晚寒澄落照，野色散晴霞。自得深秋意，毋將春色誇。

九日 明詩綜選

牢落家居久，頻逢令節過。秋聲聞雁少，霜意入林多。幽思驚時換，山遊奈雨何？韋生高卧穩，黄菊許〔一〕誰歌？

校記：〔一〕『許』，龍眠風雅作『寄』。

玉河冰泮

東風吹律早寒收，天上盈盈一水流。夾岸未舒宫柳色，微澌半逐浪花浮。光摇素練澄金掌，響接〔一〕鳴珂繞玉樓。此日陽和〔二〕占淑氣，好通太液漾宸舟〔三〕。

校記：〔一〕『接』，龍眠風雅作『梟』。〔二〕『和』，龍眠風雅作『春』。〔三〕『漾』，龍眠風雅作『待』；『舟』作『遊』。

倪元善二首

倪元善 字玄度，號資生，應眷子，萬曆己酉副榜，有小鄉嬛集、媚筆山房詩鈔。

左三山侍御惠衣謝之

何來錦繡段，伴我〔一〕薛蘿衣。遠念鶉成結〔二〕，將無鵜在梁。春隨淑氣轉，日共暮雲長。子佩重堪憶，悠悠永〔三〕不忘。

校記：〔一〕『伴我』，龍眠風雅作『裁就』。〔二〕此句，龍眠風雅作『雖念鶉猶結』。〔三〕『永』，龍眠風雅作『詠』。

大悲閣

偶坐憑虚閣，閒雲鎮日深。巖巉龕佛舌〔一〕，潭静照禪心。蝶夢身原幻，蜉遊浪至今。何如參學者，枕石漱〔二〕清音。

校記：〔一〕『佛舌』，龍眠風雅作『古佛』。〔二〕『枕石漱』，龍眠風雅作『漱石枕』。

倪甄善一首

倪甄善　字在簡，崇禎間諸生。

南渡七夕

客舍風聲唤早秋，微軀抱病欲披裘。彎彎新月娥眉怨〔一〕，炯炯寒燈〔二〕蝶夢愁。滿地征夫悲塞草，横江釐婦泣孤舟。倚樓正墮天涯淚，不用癡情待〔三〕女牛。

校記：〔一〕『彎彎』句，龍眠風雅作『月懸七夕蛾眉畫』。〔二〕『炯炯寒燈』，龍眠風雅作『燈照三年』。

〔三〕『待』，龍眠風雅作『姤』。

倪　傳一首

倪　傳　字人專，號硔山，嘉善弟，崇禎時諸生，有南遊集。

都門次孫克咸見贈韻

两看春色到皇州，還念龍眠共舊〔一〕遊。憐我窺斑徒半豹，知君解節有全牛。詩瓢〔二〕南北一尊酒，文組山川百結裘。屈指黄花秋漸老，相攜問業在岑樓。

校記：〔一〕『共舊』，龍眠風雅作『鹿豕』。〔二〕『瓢』，龍眠風雅作『飄』。

倪士騏三首

倪士騏　字君夷，萬曆末諸生。

張侯蒞桐歌

桐溪清且漣，膏雨隨車住〔一〕。桑梓依然緑，子弟拋我去。水蛙鼓上街，署屋蛛網護。父老五六人，杖出草間路。匍匐跽階前，曲曲衷情訴〔二〕。群盜八九年，辛苦防守固。朝出不夜歸，雨雪孰敢惡？巨室徙金陵，挾貲不我顧〔三〕。厲鬼疫爲災，餓骨半亡故。府帖更下縣，胥吏催租賦。鰥寡守空房，孤獨仰天呼。賊勢逼臨城，生死誰寐寤？蟠據各徂春，鳥雀空巢佈。枵腹拚一戰，生命如朝露。死尸空自僵，腥穢天地怒。軍門馳羽檄，官兵蜂蟻聚。高卧日椎牛，掠奪疇能〔四〕還？白晝挺走人，粦麥委鼠蠹。指揮倚兵符，人民如急兔。襁負散他鄉，九閽渺莫赴。鮒魚老命傾，須臾黃土付。君侯銜命至，王言大哉布。此日見甘棠，召父忻再遇。吞聲寂無言，君侯淚如雨。

校記：〔一〕『住』，龍眠風雅作『注』。〔二〕此句，龍眠風雅作『腰卷語難吐』。句下有『捉衿戴破帽，期期衷腸訴』。〔三〕此句後，龍眠風雅有『賊去去還來，無襦況有袴。連歲復旱荒，蝗蟲苦難捕』。〔四〕『能』，龍眠風雅作『可』。

新安冬日同許思旦暨臣壯〔一〕遊河西十寺

高閣臨河迴，平沙鳥篆文。塔幽無寂響，僧静有深耘。是洞皆爲佛，無山不朵雲。衆中成一憩，坐久自忘群。

校記：〔一〕『臣壯』，龍眠風雅作『臣北姪』。〔二〕『朵』，龍眠風雅作『染』。

夏日復過葉以韜山莊留宿

平生耘植意，復此飯胡麻。驟雨溪虧路，高齋天養花。劇談藏月窟〔一〕，小住樂山家。半畝方塘下，何年學種瓜。

校記：〔一〕『月窟』，龍眠風雅作『短劍』。

倪士棠三首

倪士棠 字南蔭，號韡生，順治初郡諸生。潘木厓曰：『南蔭尚氣誼，不輕爲然諾。所居硯几清妍，琴書整雅，屐履之間皆得其任，嘗刊有鹿蹊小言。』

訪周信臣水竹山房

小酌坐溪旁，清尊對欲狂。當門明月上，隔苑野花香。少事詩情細，無愁鶴夢長。竹牀宜晚睡，分得片雲涼。

山居

始信山居好，山靈不厭〔一〕愚。石溪潛蟹甲，花露飽蜂鬚。計拙難營窟，時危只守株。高吟聊破寂，得句便狂呼。

校記：〔一〕『厭』，龍眠風雅作『妬』。

寄周汝爲京邸

滿眼風塵不乏人，那堪君亦老風塵。萬言慷慨尊前淚，千里馳驅放後身。聞道天門曾抗疏，可能澤畔免垂綸。故人裹首如相問，爲説倪生仍苦貧。

南鄰留飲句：『野蔬佐酒香生筋，山色供詩翠到門。』勺園句：『好山有主添新黛，芳草無鄰怨落紅。』道逢子惟句：『空庭月上眠應晚，寒澗梅開隱不孤。』

倪自清三首

倪自清 字景伯，崇禎貢生，官巢縣教諭，有遯叟遺稿。

感時

籌深帳幄事成非，黑壓城南王氣微。萬馬忽驚迷虎帳，六龍猶説肅鑾旗。冰山有恨金空盡，雪窖無文淚忍揮。惆悵烏衣門巷燕，宮樓仍繞不知歸。

此當是福王奔蕪湖往依黄靖南時作。

泛巢湖歸里

八公誰誓渡江軍，回首巢湖失故群。長鋏久懸猶作客，草〔一〕堂無主浪移文。且披漁艇三更月，歸卧龍山一片雲。去去不須驚草木，釣台千古挂斜曛。

校記：〔一〕『草』，龍眠風雅作『虚』。

松鶴庵

松挂石門影落，歸來〔一〕華表聲初。鐘動纔知寺近，雲來未許林疏。

校記：〔一〕『歸來』，龍眠風雅作『鶴歸』。

倪天樞一首

倪天樞　字臣北，號蒼坡，順治時歲貢生，官崇明訓導，有恕齋集。郡志：『值明季寇逼城，樞建守議九條，當時采用。』方爾止曰：『歲丙寅，余與君及范子明，訂盟於君家之致遠堂。乙亥與君攜家避亂於金陵。丙申冬，余以家難出遊，君送余以「慎言爲戒」。余書紳不敢忘。自後君司訓崇明，遂以辛丑秋卒官。』

寄懷方爾止白下即送其授經淮南

江頭送客客心違，想到江頭花正飛。鳩性久憐吾道拙，魚書近與故園〔一〕稀。人從白鷺洲前去〔二〕，春向〔三〕雙龍橋上歸。滿地風烟何日靖，望中行〔四〕色淚沾衣。

校記：〔一〕『園』，龍眠風雅作『人』。〔二〕『人從』，龍眠風雅作『不堪』；『去』作『別』。〔三〕『春向』，龍眠風雅作『倘得』。〔四〕『行』，龍眠風雅作『春』。

倪天弼一首

倪天弼　字石崖，順治間貢生，官旌德訓導。

贈洪浪上人

石幢曾有夢，此日問津梁。山色傳清静，溪聲出廣長。枝頭梅子熟，窗外木樨香。婚嫁何年畢，同來禮覺王。

倪之鐕六十五首

倪之鐕 字司城，號一齋，雍正間貢生，以薦舉官南鄭知縣，有高嵌集、一齋詩集。劉海峰集倪司城詩序：『余友倪君司城試童子，嘗冠於童子；試太學，嘗冠於太學。諸生卒不獲售。雍正初，嘗以中書使蜀，其後爲洋與、南鄭二縣令，前後十六年。大臣嘗薦其才，卒老於令，不得調。司城於書無所不窺，而必究極其根源，有出文相質者，刻於一字一句之間，如酷吏之治獄，而不稍寬假。司城抱負甚偉，不得見於世，則往往爲歌詩以自娱。其壯年周遊黔、蜀，崎嶇萬里。其詩尤雄放，窮極文章之變。雖其他稍涉平易者，而語必雅健，能不失詩人之意旨。所爲詩僅千餘，欲鋟板而家貧，力不能及。』光聰諧倪司城詩後序：『海峰集有贈倪先生序，稱其詩義推許甚盛，求其詩不可得。後於方君植之處見其五律十餘首，誦之遒然，如聞鸞鳳之音。後又於朱君芥生行笥得舊録本若干首，於劉序所稱千餘篇者未及三之一也。倪先生他文未知若何，若詩則並劉先生而無愧。數十年來，南北承學之士，知有海峰矣，而司城之名，雖近在里巷，非一二好古者類皆不知。其顯晦不同如此。』

留別同學諸生

飄蕩命所嬰，孰敢怨行役。天迴風蕭蕭，高城寒白日。六轡直如絃，既動不得息。眷眷吾故人，行行重悽惻。峥嶸閶闔開，豈容憔悴客。江湖性所便，浩蕩獨遠適。感君惆悵情，慰我别離色。男兒貴泉刀，去住各努力。

男兒重意氣，何用泉刀爲？此却並意氣抛却，只云重泉刀，其言愈下，其情愈悲矣。

别後却寄

我友亦已遠，我顔有餘悽。野烟生暮色，日入西山西。沙石滿路側，觸碍當輪蹄。簸頓腰脚頑，反側聲酸嘶。憶昔湖上舟，輕颺如鳧鷖。水波平如掌，几席安我棲。奈何饑凍迫，久令夙願暌。寄言京華客，磊落終相攜。

幽篁

幽篁無媚枝，鷙鳥思遠翔。物性不諧俗，感我涕沾裳。梅花前日開，百草盡萎黄。舊香易銷歇，不如桃李芳。

古意

莫作波中月，波月無圓輝。莫作風中雲，風雲無定飛。願回明月光，長照流黄機。願持彩雲色，長染羅裳衣。良人請安坐，風波兩無違。

思議奇崛。

滕王閣雨望

飛雨灑高閣，梁棟颯飄然。憑闌闞清晏，何以散幽悁。潮水帶洲渚，葉葉章江船。風帆疾如鳥，東指彭蠡烟。我家在皖口，大江當門前。客懷一浩蕩，歸涕空潺湲。帝子夕霞外，王孫青草邊。還將遠行遊，更入黔陽天。

野　望

峥嶸天山西，日落半空赤。星點出微茫，雨餘疏更白。氛埃静不起，風景一蕭寂。蔓蔓原上樹，磷磷磵中石。睹兹田野曠，忘是邊城客。忽逢征戍兒，復此胡笳夕。

七哀詩

結髮爲君妻，自言水與魚。一從召募去，各在天一隅。夢寐日以親，恩情日以疏。忽聞軍吏至，謂得征人書。開門見馬革，云此是吾夫。柔腸倏已斷，血淚爲之枯。昔日封侯骨，今成灰燼餘。灰燼不分明，何以同穴居。洗我紅粉粧，脱我紫羅襦。著我縞素衣，掩我蓬蒿居。隻影無所託，仰天空叫呼。夫君亦已矣，賤妾將何如？

彌樸彌摯，氣息故自漢魏。

擬出塞

大漠無道路，悠悠天地内。經涉萬餘里，始與我軍會。胡風淘鼓鼙，朔雪響旌旆。縱橫凍死骨，昨日是我輩。回瞻北辰遠，仰視西日大。斂身就行列，命定永無悔。况聞聖天子，仁恩及關塞。生死向此間，皇輿本無外。

秣馬臨賊營，駭散如群羊。回軍入我壘，復來擾邊疆。勞逸既殊勢，主客不相當。别將請深入，所部陷大荒。萬人無斗粟，勺水不能將。自以饑餓死，非關被殺傷。

道途險遠，雖有米粟不得任負軍中，情况如此。

王官殉節氣，詔書洵所褒。戰士死十萬，九牛亡一毛。鴟鴉棄不食，腐肉填坑壕。徒旅不自保，且爲求其曹。人載一指髪，已覺百馬勞。按籍歸其家，六親痛於刀。是非不復辨，冤魂何處號。主將方獻捷，哭聲不敢高。

真摯如此，可以擬杜。

惟賊無定情，出没勢多端。秦隴正防寇，巴蜀復騷然。中原分疆域，闌隔河與山。外地無險阻，一道通西邊。地形既殊異，兵力不兩全。槖駞疲轉餉，府庫糜金錢。十年盛殺氣，得一已失千。誰秉大將權，羈縻非所難。

漢文於南越猶曰：『得其地不足以爲大，得其財不足以爲富。何況西北不毛之地耶！得一失千，不如羈縻之爲良策矣』

桃花

千葉桃花春正開，東風浩蕩江上來。樓前一夜胭脂雨，染成萬朵紅玫瑰。有時淡妝亦殊絶，冷豔全宜寒食節。尋常脂粉不得到，仙姿仍帶瑤池雪。又有一色難爲容，比朱差淺白差濃。細腰宫裏美人醉，曉來雙頰如芙蓉。憶昔故園三月暮，城南十里花如霧。雨散風狂二十年，依稀不記看花處。即今飄泊廣陵城，滿眼繁華不稱情。只愁花與人相似，看我蕭蕭白髮生。

樟樹將軍歌　衢州西北二十里。

君不見白登道上逢驕虜，七日平城圍漢祖。又不見泰山之松千尺長，風雨不得驚秦皇。英雄不免困蜂蟻，神物要知護天子。古壇樟樹五百年，異事争信樵夫傳。元綱解紐四海沸，盜名字者紛如蝟。祖右規興陳勝王，蹈瑕竊據東南疆。濠梁真人乃天授，掃盡鯨鯢餘鶉鷇。虎敝龍疲又一時，鴟張豕突方窮追。陰雲賴此枝柯密，遮斷不見天王旗。論功行封盖有以，冠帶遺蹤儼相似。居人指點向我曹，摩挲陳迹空烟霄。金銅仙人淚已盡，惟聞大樹風蕭蕭。

平山堂

細路迤春草，崇岡披古臺。塔雲團野出，山翠渡江來。勝賞如今少，閒花自昔開。歐公題字在，酹酒滴蒼苔。

揚　州

廿四橋邊路，烟波到處遊。人皆唱水調，春亦愛揚州。酒舫偏宜月，羅衣半在樓。可憐隋煬帝，傾國爲風流。

金陵春望

南國多遺恨，登臨春欲闌。風花流涕晚，耆舊過江殘。廢闕斜陽冷，荒陵古木寒。山河在西北，莫漫説龍蟠。

鐙月次韻

春夜月娟娟，春鐙並月懸。花當一輪滿，桂應九枝妍。廣陌明何限，高樓照未眠。三更風露冷，惆悵短檠前。

倪侯有佳句，往往似陰鏗。

龍門寺

寺面侵江岸，崖根俯竹林。小花憐晚色，幽草見春心。佛爲無求静，山緣避俗深。老僧竟何事，鋪地覓黄金。

雨

蠻雲擁不開，楚雨逼人來。瀑濺春飛雪，山空夜轉雷。鵑啼三月急，猿叫五更哀。淒絶江南客，蕭騷首重回。

蒼勁固是杜陵。

白骨

但乞存骸骨，無心問是非。舉家來設祭，前日與牽衣。弓劍留遺恨，河湟未解圍。尚憑超鐵馬，魂魄倘無歸。

司城親事戎行，故軍旅邊塞諸詩，言之尤爲痛切。

草地

黄河西去路，萬古共酸辛。虜地難逢水，胡天不見人。封狼號斷塹，野鼠穴荒榛。日暮悲風起，戎衣滿塞塵。

望天山積雪

太古以來雪，崚嶒殊未消。陰風吹六月，寒色逼重霄。時與白雲合，更憐青靄遥。蘇卿舊毛髪，都向此中凋。

過城北舊居道院

北城仙觀好，舊住在廊房。偶向壇邊過，遥聞院裹香。檻槐龍爪瘦，盆草虎鬚長。物色還相望，丹砂意不忘。

聞盜伐墓木者感痛而作

奈何去墳墓，久作不歸人。數世長松柏，一朝尋斧斤。未須論國憲，只自愧天倫。所以古賢哲，守廬甘賤貧。

祀竈

十二月二十三日夜祀竈爲送竈，至除夕復祀之爲接竈。蓋通俗也。客中亦舉行之，因作送神、迎神二首。

釃酒送雲軿，燒香拂土陘。争酬炊母德，還乞火官靈。客老心情冷，人饑面色青。重煩將此意，一一奏天庭。

雲旗去復回，窈窕壽宮開。舊德人間遍，新恩天上來。餳簫吹入夜，爆竹響如雷。一奏迎鑾曲，還招受福杯。

小睡

已散朝衙早，猶聽晚鼓遲。舊鉼黄色酒，新板白家詩。草徑閒吟處，花窗薄醉時。心中無一事，小睡亦相宜。

寂寞

寂寞揚州路，清貧運使衙。瘦臞甘薺葉，饑鶴啖桃花。檻動分行螘，臺喧引子鴉。都忘軒冕意，不意在山家。

風雨中登大河驛樓寄懷遠將軍孫建勛

城上高樓俯遠空，河邊驛路接湟中。一川榆柳平沙雨，四野牛羊大漠風。初著短衣隨驃騎，且將長劍倚崆峒。故人惟有孫懷遠，早奏平戎第一功。

即事書懷寄樸存

松州才罷又居延，蹤跡頻年只在邊。塞下棗花何纂纂，江南蓮葉正田田。潮平雁汊緑如染，雲滿螺峰青可憐。風景自饒人自遠，黄河磧裏看祁連。

三、四以樂府語屬對，風致翩翩。

登臺

秋風日暮獨登臺，蒼莽孤城畫角哀。塞外黄沙吹地轉，山頭白雨破空來。河流夜渡軍儲急，驛路朝看使節催。萬里羽書猶未静，九霄麟閣爲誰開。

寫邊塞景象蒼莽，最似空同。

寄叙州杜太守

戎州司馬戎州守，出入巴西三十年。招得女官爲甲户，召令酋長出庸錢。勛名遠祖杜元凱，父老重歌黄潁川。想到襜帷行部日，茘枝灘上過樓船。

西涼懷古　四首之二

西山朔氣望崚嶒，十九年中此獨登。夜擁羊歸青嶂雪，朝看雁渡白河冰。當時部曲餘常惠，異國壺觴愧李陵。天子甯知節旄盡，上林幾度獵秋鷹。

真人大旆掃群雄，漢代威儀在眼中。圖讖已歸銅馬帝，丹青猶築隗囂宫。驊騮表獻中興主，符璽書酬力戰功。張吕後來争割據，雲臺誰識竇安豐？

奉寄四川方伯高公維新

御命曾隨出瑣闈，蜀人争看使星輝。百年繇賦今初定，千里流亡半已歸。賨布早聞山箐樂，江梅莫使詠歌稀。可知舊日同槎客，又典軍儲到武威。

蒙古將軍

白羽雕弧馬上飛，將軍大纛總戎機。雪山戰後金人入，青海平時鐵勒歸。舊勅猶傳畏吾字，新恩初賜只孫衣。夜來回鶻城邊獵，報到羌兒已解圍。

蘭州作示徐總戎起鳳

鳳林關外接邊聲，形勢千秋此必争。雲嶺横當榆谷路，黄流東下石龜城。鏖戎始紀河西績，扼夏還屯隴右兵。君看只今山下廟，州人惟拜趙營平。

海　水

海水波翻掉尾鯨，風前脱餌更縱横。張騫去後無要領，趙信降來有甲兵。設伏空勞屯馬邑，犁庭必遣到龍城。請看李牧臨邊日，烽火何曾逼漢旌。

秋懷

詞賦紛紛擬子虚，茂林秋雨閉門居。何爲漢室求賢日，却見秦庭逐客書。春草生涯悲瘦馬，大河波起泣枯魚。蒼茫獨立西風裏，中酒情懷更不如。

銀壺歌罷夜闌干，伏櫪雄心半已寒。内史可堪遭獄吏，才人何限作伶官。槐根將相功名幼，橘裏神仙氣味酸。悵望江南且歸去，小山風景未凋殘。

過六盤山

緣崖轉石上層空，路出盤山西復東。大壑陰雲埋隴右，固原秋色滿關中。旗翻野戍三竿日，馬掉荒祠一磬風。知有山僧掩口笑，弓刀不稱白頭翁。

奉和經略相公原韻

中天御宇提封遠，上相籌邊得策還。文帝詔書惟保塞，武侯心力盡征蠻。旌旗漸偃龍蛇陣，鎖鑰堅持虎豹關。知向兩階調玉羽，會看重譯致瑤環。

柴關嶺

深林霧磴復風湍，古木陰森欲住難。虎足過時留跡大，猿腸斷處出聲酸。關前有路晴仍濕，嶺際無人夏亦寒。慚愧半年三過此，不知辛苦覓何官。

晚抵南星

鳳州南下石嶙峋，小店荒村駐馬頻。百里蒼山都不斷，滿天黃葉四無人。高吟那計林多虎，晚食還欣野有麕。周覽壁間題字好，十郎橋畔記相詢。

癸亥春日祇召入都旋以病假還山

花滿黄州柳滿城，十三年又别春明。彤闈奉使人誰在，白社相期我欲行。堯韭禹糧供老病，壤歌衢飲答昇平。漢廷無事方淵默，宣室甯須問賈生。

霜髯雪鬢共毵毵，宦味升沉亦盡諳。已逐風塵來闕下，更無心緒到關南。此身自負三宜去，何地能容七不堪。短棹便尋邗上路，六紅橋畔問高嵌。

開元寺夜坐同匪石作

高城北斗夜闌干，古寺西風蠟炬殘。老著戎衣趨幕府，春髓手板入流官。殊方宜唱江南樂，往事從歌蜀道難。剩有青銅三百在，緑尊差可盡餘歡。

祇役關中書事

大軍不忍揮龍庭，詔許降王款漢廷。豈意元戎朝魏闕，翻聞老上犯邊亭。橫行近始知樊噲，決勝終當屬衛青。咫尺天威不相貸，會看西海落妖星。

草間蛇豕欲何求，西顧偏勞聖主憂。廟算近資三僕射，邊星遥動五諸侯。千群騏驥來河北，萬里芻糧出隴頭。不用尺書招贊普，直揮長劍斬蚩尤。

九重詔語靄春雲，欲遣纍纍靖寇氛。閫外重推大司馬，獄中新起故將軍。書生愛聽平戎操，往日曾爲諭蜀文。還抱絲綸舊時筆，天山頂上勒殊勳。

雨中遣悶

積雨天山道，涼飈楚客齋。未秋收畫扇，多病得青鞋。筯苦嘗瓜蒂，厨寒抱麥藉。葫蘆青罥架，苜蓿紫垂階。絶域甯覊宦，窮途且詠懷。襟裾混牛馬，土木辨形骸。昨日黄鬚將，新騎白鼻騧。銀鞍何煜爚，寶劍正摩揩。皂尾翻旗角，金絲簇箭鞾。輝光照士卒，潦倒笑吾儕。昔草三千牘，曾遊十二街。朋知何日展，身世幾人諧。學廢還論讖，詩荒漸類俳。偶然邀齒録，何處覓牙牌。使屬已成悔，遊秦誰與偕。看花思鄠杜，把釣憶江淮。白露蓮飄粉，滄波荇引釵。魚憐張掾鱠，韭對庾郎鮭。颯颯空墻柳，陰陰古寺槐。淒清漫愁思，關塞日風霾。

勁絃無懦響。

絶　句

樓上吴趨曲，橋邊子夜歌。西風正蕭瑟，吹上洞庭波。
郎持青竹篙，妾把木蘭橈。船中小兒女，生長在風潮。
曲岸皷疏柳，寒江浸遠天。飄帘沽酒店，打鼓賣魚船。

雷　塘

錦帆天子愛繁華，不看封章只看花。留得雷塘數株柳，春風猶自屬隋家。

寄內

窗外石楠春作花，淡香紅影上窗紗。只今花下應追憶，十一回開不在家。
薺花如雪雨如烟，欲遣羇懷報汝邊。身似漢宮人柳樹，終朝無事剩三眠。

寄王匪石

黄羊川豁大河流，日暮登臨古驛樓。山下桃花山上雪，憑君爲我畫涼州。
炎燠風景，同地異態，情真語確。

相公巡邊詞 六首之三

寶馬聯翩簇玉花，雕弧璀璨鏤銅牙。韓公城外天連海，光禄亭邊日漲沙。
勝氣朝呈邏沙川，捷書昨夜到甘泉。可知相國臨邊日，即是將軍破賊年。

密旨宣時日未高，半開門仗立龍韜。諸藩節鎮齊停轡，九寨元戎盡帶刀。

灞　上

霸陵殘雪遠還明，灞水寒流淺且清。一夜西風人去後，斷橋衰柳不勝情。

丹江雜詩

灘聲入夜急紛紛，枕畔悠揚到曉聞。觸忤愁人不成寐，半緣鄉思半緣君。
朝光初起曉烟橫，淺翠濃藍似染成。一路春山聽不斷，畫眉聲裏竹雞聲。

邠州太王祠

不辭珠玉事戎王，享德由來不在强。皇澗橋邊古祠屋，至今耆老尚焚香。

卷二十八

方聞 江有蘭
王檝 蘇求敬 同校

周京二首

周京 字大觀，萬曆間貢生，有叢篁詩稿。方本庵邇訓：『大觀先世自唐時居桐之清淨鄉，成村落，曰「周家潭」。至京與弟登建祠堂，訂家規，敦義輯睦，子孫遵守，鄉人莫之及焉。』

錢司馬宿篁田〔一〕

北斗司喉舌，南麾〔二〕動羽林。乍回捧檄志，猶切伏蒲心。萬里邊聲壯，三年客思深。篁田新熟酒，話舊〔三〕一長吟。

司馬爲先生受業弟子。

校記：〔一〕龍眠風雅詩題作門人錢大司馬桐溪假歸信宿篁田有作。〔二〕『南麾』，龍眠風雅作『旌旗」。〔三〕「話舊」，龍眠風雅作「共爾」。

寄懷吴郡徐髯仙太史

手剪蓬萊入舊扉，頻瞻遠客恨忘歸。園林載酒知何日？雨雪同車願已違。三徑篁深人事少，八行春度雁來稀。閒時莫上高樓望，草長江南鶯亂飛。

周述謨一首

周述謨 字以覲，萬曆時諸生。

招施茶僧

别山復結一山緣，到處林泉可坐禪。休戀密雲松際月，好收盂鉢度殘年。

周法祖三首

周法祖　字則貽，號合明，天啟間處士。

夏日〔一〕喜雨霽

初晴閒一望，四野水平天。山色畫中出，溪聲鳥外傳。暮雲深樹掩，斜日小窗懸。呼我高陽侶，清樽祝有年。

校記：〔一〕『日』，龍眠風雅作『仲』。

秋夕

空階鳴促織，秋意到孤幃。桐葉飄新子，荷花墜故衣。天清河影淡，夜静鶴聲微。起舞愁難寐，懷人興欲飛。

幽居

幽居樂事敢言賒，曲徑疎籬到處花。早釀清醪秋後秫，時烹活水雨前茶。庭迎松竹成三友，隣結漁樵渾一家。惟有賤貧依舊在，老來豈復計生涯？

周夢復一首

周夢復 字若虛，天啟間諸生，有翠屏山房遺稿。

送静海仰上〔一〕顧募

乞鉢原平等，慈航覓舊歡。水雲行脚遠，霜月杖頭寒。樓起華嚴藏，幢懸寶綵〔二〕觀。喜捐能不悋，實愧給孤壇〔三〕。

校記：〔一〕龍眠風雅「上」後有「人」字。〔二〕「綵」，龍眠風雅作「緑」。〔三〕「壇」，龍眠風雅作「檀」。

周康祀五首

周康祀 字重禋，崇禎間貢生，有爽塏堂詩。潘蜀藻曰：『重禋祖慶祐，本紹興人，官於桐後，遂家焉。』

桃埠河

桃埠河邊路，年來幾次經。忽驚春到柳，可嘆客如萍。不寐吟殘月，貪程看早星。居人傳虎跡，疲蹇莫教停。

留別龍禹九

締交情正好，岐路首重回。此日遽分袂，何時復舉杯？節憐小雪過，舟望大雷開。別後長相憶，魚箋〔一〕莫吝裁。

校記：〔一〕『箋』，龍眠風雅作『書』。

山陰晤潘若船〔一〕

當時文酒共風流，别後〔二〕經今十五秋。乍見忽驚潘鬢改，聚〔三〕譚還爲陸裝愁。狂來意態〔四〕壺仍碎，老去江湖筆未投。剩得子猷清〔五〕興在，爲君東〔六〕泛剡溪舟。

校記：〔一〕『船』，龍眠風雅作『舡』。〔二〕『後』，龍眠風雅作『夢』。〔三〕『聚』，龍眠風雅作『深』。〔四〕『態』，龍眠風雅作『氣』。〔五〕『清』，龍眠風雅作『佳』。〔六〕『東』，龍眠風雅作『遠』。

即　事

夢想曾經海宴年，即今誰復痛〔一〕相憐。初香草樹還如故，絶媚春山竟悄然。江上大軍馳羽檄，城頭積雨響流泉。不堪夜静鳴刁斗，細柳新移負郭田。

校記：〔一〕『痛』，龍眠風雅作『病』。

舟過清河吊揆百夫子

河流清濁自分明，到此驚心怨未平。抱恨〔一〕鼎湖龍已去，竟無華表鶴空鳴。黄錢一陌飛塵土，青史千年著姓名。愧我亦稱門下士，死生何事見交情。

校記：〔一〕『抱恨』，龍眠風雅作『可惜』。

周蔚一首

周蔚 字君豹，諸生，有眠雲集。

尋包公墓

我客淝〔一〕陰久，先生墓始尋。來滋後時感，如見古人心。故物迷秋草，荒原啼暮禽。河清今已矣，今古任消沉〔二〕。

校記：〔一〕『淝』，龍眠風雅作『汝』。〔二〕『今』，龍眠風雅作『千』；『消』作『浮』。

周　岐四十三首

周　岐　字農父，號需庵，崇禎間貢生，官河南推官，有執宜集。明史史可法傳：『崇禎十七年，遵義知府何剛於正月入都，上書言練兵事，因薦錢塘進士姚素允、桐城諸生周岐，帝壯其言。』朱竹垞静志居詩話：『復社諸君多以文章經濟自負，韻語不甚究心。若桐城之方密之、錢幼光、周農父、孫武公，華亭之陳卧子、長洲之陳玉立、吴江之吴日生、崑山之顧甯人，是皆婞群雅而繼國風者歟！農父召入京師，即上書宰相，言時政得失。馮公鄴仙薦參宣大軍，隨授開封推官，參陳元倩軍，復以按僉事銜參史公道鄰軍。識者比之陳琳、阮瑀。其詩雄奮，亞於密之、幼光。』李雯序執宜集曰：『余郡多文人，而所弗若於桐者三：有師法一也，尚實學二也，親閱歷三也。三者在近今，農父爲最。農父爲人温厚直重，居前使人軒，居後使人輊。其學長於經術，濟於兵農，博於緯數，周於人物。其爲詩根柢乎漢、魏，條顯乎六代，茂成乎初、盛唐。其情深，其才達，非徒以形埒者。』方孔炤序曰：『周子農父秉無師之知，勵好古之勇，年弱冠取集曾子一書，更註孝經，佩而誦之，其意自憐藐孤也，志固卓矣。其於治近年群覽益富，所撰詩文盈數十萬言，殆將與古之儒行才人同軌並源，以輔助鴻運。其於治亂之際，窮達之交，洵有本矣。』潘蜀藻曰：『農父少與方爾止、密之、錢飲光、吴子遠、孫克咸以博雅好奇聞於四方，後屢參陳、史軍事，國變後歸築土室，吟卧其中，足不履城市以終。所著有孝經外傳、爐餘稿。』璥按：明詩綜選評：『先生晚又參楊龍友軍，死於浙右。』與潘先生所述微異，殆傳聞之訛歟？

詠懷 明詩綜選 御選明詩録一

憶昔少年時，尚志記〔一〕詩書。十三工詞賦，浩氣淩太虛。十五治六經，耕穫忘菑畬。管葛未足願，甯復〔二〕計其餘。奄忽二十年，被褐守田廬。開軒望四野，徙倚步徐徐。傷哉富春老，白髮釣溪魚。

鳳凰鳴高岡，豈爲稻粱謀？丈夫志四海，豈爲名利求？笑彼田園子，白首戀故丘。營營井里間，富貴稱殊尤。烏知達士心，一息翔九州。

夜深寒露降，蟋蟀鳴空堂。西風吹敗葉，蕭瑟號枯桑。褰帷起回步，薄寒中衣裳。斗間無劍氣，畢昴〔三〕生光芒。廓落懷友生，中情〔四〕難自將。秋蘭紉爲佩，無以異衆芳。仰天長歎〔五〕息，憂思何多方。

『斗間』二句望氣之言，指陳歷歷也。

校記：〔一〕「記」，龍眠風雅作「托」。〔二〕「甯復」，龍眠風雅作「豈曰」。〔三〕「畢昴」，龍眠風雅作「昴畢」。〔四〕「情」，龍眠風雅作「懷」。〔五〕「歎」，龍眠風雅作「太」。

詠　史　八首之一

燕趙多節俠，荆高稱獨步。相逢燕市中，慷慨託情愫。酒酣歌嗚嗚，殺身獨不懼。迭跡死秦庭，能令壯士怒。如何爭錐刀，賣友以自固！

擬李陵別蘇武詩　明詩綜選

邊聲中夜起，四顧黯騷屑〔一〕。遊子戒行期，須臾遠離別。攜手重行行，悲風何〔二〕慘冽。與子結久要〔三〕，中懷時耿切。今日雙黄鵠，一飛一摧絶。欲言寄無因，傷心不可說。原集有「生爲隔世人，死葬蠻彝穴」二句。努力謝故人，九原以爲訣。

校記：〔一〕「騷屑」，龍眠風雅作「無色」。〔二〕「何」，龍眠風雅作「多」。〔三〕「久要」，龍眠風雅作「三載」。

漂母祠懷古　明詩綜選　明人詩鈔續集選

執戟雖云卑，猶勝一飯恩。十金解報母〔一〕，𨻶項不並存。韓侯千古傑，施報何失倫？丈夫重知己，官爵安〔二〕足論？惜哉重瞳子，不識哀王孫。

韓之去項，以不能盡其材也，非區區爵禄之故。詩有特見，非漫作者。

校記：〔一〕『十』，龍眠風雅作『千』；『解』，龍眠風雅作『鮮』。〔二〕『安』，龍眠風雅作『惡』。

送豫章萬茂先秋浦劉伯宗應徵召　明詩綜選　御選明詩録

擊鼓深宮中，朝〔一〕市無不聞。良玉媚重淵，鬱鬱上爲雲。君子懷令譽，卓犖自不群。南陽雖有田，豈必老耕耘。浮雲蔽中天，白晝苦不分。肉食無遠謀，嗡嗡如聚蟁〔二〕。奮身出塵埃，苦判〔三〕猶與薰。春日步皋蘭，蘭澤揚芳芬。盛時〔四〕重徵辟，蒲車何紛紜。網羅及吾黨，賁之以玄纁。勿以蓬蓽逸〔五〕，菲薄名〔六〕與勳。哲人貴及時，况復際〔七〕明君。努力長安道，三策振奇文。

農父固欲慷慨應時者，故其勉萬、劉之言如此。

校記：〔一〕『朝』，龍眠風雅作『通』。〔二〕『蝨』，龍眠風雅作『蚊』。〔三〕『苦判』，龍眠風雅作『判苦』。〔四〕『盛時』，龍眠風雅作『聖代』。〔五〕『逸』，龍眠風雅作『適』。〔六〕『名』，龍眠風雅作『功』。〔七〕『際』，龍眠風雅作『得』。

嫠女吟答陳百史

蟾魄既西蝕，烏羽亦東藏。烈烈驚風吹，壁冷燈無光。中有獨居女，唧唧聞悲傷。問女何所悲，不字稱未亡。豈悲衾與裯？切恐人無良。有客何方來？將書委筐箱〔一〕。開緘讀素書〔二〕，姊妹舊成〔三〕行。上慰顏色好，下言夫婿當。疊書筐箱中，却拜歸空房。孤鸞戀枯澤，彼鳳自有凰。感君纏綿意，還君明月璫。寄謝諸姊妹，勉事新姑嫜。

此先生却聘書也，較張文昌節婦吟尤有關繫。

校記：〔一〕『將書』句下，龍眠風雅有『偏諸緣繡裾，胡珠綴琳琅』句。〔二〕『素書』，龍眠風雅作『書意』。〔三〕『成』，龍眠風雅作『稱』。

官兵行　明詩綜選

賊近苦賊來，賊至恐賊去。賊來避有時，賊去官兵住。官兵畏賊如虎狼，但行賊後勢莫當。嗚鉦擊鼓入村里，馬索芻豆人索糧。不擇豚與雞，更驅牛與羊。傾甕倒康缶，隳壁掘餘藏〔一〕。官兵得物喜，民家失物悲。語君且勿悲，官兵醉後勢難支〔二〕。東家少婦已溝瀆〔三〕，西家女兒終夜啼。但得飽掠速飇去，猶能老弱共餔糜。傳道賊兵去已遠，官兵曉〔四〕起催朝飯。大車捆載〔五〕小車盈，路捉行人遞輸輓。行途餘勇縱復横〔六〕，怒指鄉屯是賊營。殺得丁男擄丁女，揚旌奏凱告功成。

末季養兵以害民，其禍如此。直敘其事，不覺其言之沉痛也。

校記：〔一〕『傾甕』二句，龍眠風雅作『傾倉倒甕恣搜括，排牆隳壁掘餘藏』。〔二〕『勢難支』，龍眠風雅作『難支持』。〔三〕『溝瀆』，龍眠風雅作『被汙』。〔四〕『曉』，龍眠風雅作『夜』。〔五〕『捆載』，龍眠風雅作『橐重』。〔六〕『行途』四句，龍眠風雅作『行至前村計復生，竟指鄉屯爲賊營。丁男殺盡丁女擄，揚旌奏凱唱功成。君不見，賊去人歸猶爨食，官兵所過生荆棘。痛哉良民至死不爲非，無如官兵勢逼爲賊』。

清明日登高

楊柳依依花滿堂，春風容裔上河梁。誰家少婦勤蠶桑，纖纖素手提傾筐。不覺從之陟高岡，風吹花落何飄揚。須臾一去悠且長，引領睞眄安能忘？有客置酒大道旁，金樽泛泛葡萄光。偶然相遇褰衣裳，清溪曲水争流觴。長歌一曲激清商，拂衣佇立起徬徨，薄醉歸來夜未央。

同吴次尾顧子方飲左子直宅賦贈

丈夫不患交遊寡，但恨所遇無知者。羞説長干百萬家，要津塞盡惟車馬。我來雙眼久不青，仰天直視狼虎〔一〕星。狼星煜煜〔二〕弧欲墮，當階側立舞青萍。一人之敵不足學，説劍談兵何數數。搴帷且讀牀上書，一目十行差足樂。有時得意忽狂呼，舉步跼蹐徒唏吁。自君好我聯朝夕，把酒臨風興不殊。君言當世多頻顣，我感君言爲痛哭。吾儕富貴亦何難，但患不能爲碌碌。河南江北盡烽烟，欲耕誰是隆中田。從來好談〔三〕上書事，今日緘口何從言〔四〕。吁嗟呼！蘇門長嘯豈得已，傲視一世無知己！我與君交自茲〔五〕始，他年期許當如是，一二人焉斯〔六〕足耳。

校記：〔一〕『虎』，龍眠風雅作『弧』。〔二〕『煜煜』，龍眠風雅作『曄曄』。〔三〕『好談』後，龍眠風雅有『射策』二字。〔四〕『何從言』，龍眠風雅作『不復言人前』。〔五〕『茲』，龍眠風雅作『今』。〔六〕『斯』，龍眠風雅作『自』。

風雪〔一〕山中偶賦

明詩綜選　御選明詩録

一夜北風三尺雪，四壁欲穿肌欲裂。孤燈黯黯爐無烟，两手握拳冷如鐵。溪頭活水聲忽死，巘下勁松枝盡折。中宵擁被〔二〕不成眠，坐聽寒鵰叫荒穴。

校記：〔一〕龍眠風雅『雪』後，有『夜』字。〔二〕『中宵擁被』，龍眠風雅作『喁喁擁足』。

梅花落

窗下落梅花，風吹楊柳斜。欲隨千里客，羞上七香車。小苑迎朝日，空堂照晚霞。那堪深夜静〔一〕，獨坐怨琵琶。

竟體古艷。

校記：〔一〕『静』，龍眠風雅作『雨』。

寄懷密之　時居鹿起山。

鹿起思公子，龍眠卧散人。因看彭澤柳，相憶武陵春。奇服久無斁，芳蘭空自紉。浮雲望不見，風動白綸巾。

朱　鷺　自注：漢鐃歌，晉、宋後以五言爲之，余復倣焉。成八章。

昆明池水平，朱鷺下西京。振羽同鱗集，高飛入鳳城。參差金路舞，唼喋芰荷聲。不願鳧鷖泛，常懷滄溟情。

秋閨怨 明詩綜選 御選明詩録

嫖姚征冀北，六郡盡從軍。一夜秋風至，千家砧杵聞。凝妝愁皓月，寒露冷紅裙。惟見遼城雁，翩翩入斷雲。

寄懷白子皮

故人何所託？家住石塘灣。緑水常環户，青松獨閉關。往來無驛使，風雨發愁顔。落日高樓上，惟看飛鳥還。

長安

長安開甲第，冠蓋若雲蒸。金爵棲雙闕，銅駝接五陵。遊童群挾彈，公子半呼鷹。醉索胡姬酒，褰帷拂素綾。

出塞

微月映招摇，征人夜度遼。將軍排虎落，壯士控鸞鑣。纓繫單于頸，兵清瀚海濤。長平非有託，誰識霍嫖姚？

燕子磯阻風登懸壁半閣 明詩綜選

流離逢世亂，特特上漁磯。海水橫江湧，林烏匝樹飛。因人辛苦慣，作客姓名微。分向風塵老，逢迎何處歸。

吴城謁張東平廟即依[一]聞笛原韻

高祠湖上臨，乃在此山陰。鐵是生前骨，丹留死後心。晚烟香不盡，野水澹然深。日落濤聲壯，爲公作羽音。

校記：〔一〕龍眠風雅「依」後，有「睢陽」二字。

山中

水流山自幽，六月亦披裘。倚鍛常辭客，登樓獨賦秋。碧雲垂户側，翠竹拂溪頭。不是求羊輩，安能此地遊？

懷錢飲光

佳會在何日？中庭桐欲〔一〕華。幾時零〔二〕白露，八月見黄花。故徑多荒草，秋山照晚霞。高樓時悵望，風急雁行〔三〕斜。

校記：〔一〕「欲」，龍眠風雅作「始」。〔二〕「零」，龍眠風雅作「沾」。〔三〕「行」，龍眠風雅作「飛」。

姚現聞太史招飲即席賦

暮捲疏簾坐北隅，涼風天末下高梧。妄投孔氏通家刺，快得燕公小友呼。策建三朝依黼〔一〕座，雲成五色映蓬壺。只今歸去人相問，作賦能從漢大夫。

校記：〔一〕『黼』，龍眠風雅作『衮』。

懷張爾公

秣陵南望暮雲多，別後孤踪悵若何？博望仙槎窮宿海，淵明松竹眄庭柯。雙龍異地悲風雨，十日何時醉薜蘿？聞道新秋期已近，相逢東郭共長歌。

自虎丘次金沙訪周仲馭儀部

風帆六月楚江流，萬里荒烟蔽虎丘。視草不聞中執法，論功惟屬大長秋。九章賦就寒雲動，五噫歌殘夜雨愁。此日東山無所事，仙遊願附木蘭舟。

方仁植中丞還里〔一〕

欲反離騷問汨羅，至今聲老洞庭波。雲中舊牧堅言戰，丞相神機〔二〕只講和。狂客悲來三策廢，傴人舟去五湖多。歸〔三〕思豈爲鱸魚鱠，滿耳秋〔四〕潭漁父歌。

中丞撫楚勦賊，屢戰剋捷，而督師重臣乃以和自誤誤國，當時草茅之見朗若列眉，而朝臣乃見不之及何也？

校記：〔一〕龍眠風雅詩題作喜迎中丞方仁植先生還里門。〔二〕『神機』，龍眠風雅作『天威』。〔三〕『歸』，龍眠風雅作『秋』。〔四〕『秋』，龍眠風雅作『江』。

中秋夜别汪大年

落日西山照北城，高樓置酒坐前楹。銜杯萬里來秋色，倚檻千門見月明。長笛暗吹垂柳曲，前村忽度擣衣聲。明朝鞭馬關山遠，愁聽鳴雞報五更。

寒食同錢幼光遊大觀亭

亭上春風拂檻涼，亭前春樹鬱蒼蒼。三江激浪迷秋浦，百子連峰出盛唐。客醉酴醾千日酒，人誇蹴踘少年場。采桑此日羅敷女，猶作當年墮馬妝。

初春山中有感

積雪山頭曉日寒，草堂又見臘梅殘。短衣至骭誰同載？長鋏隨身不可彈。歲晚逢人甘守嘿，憂深擊柱愧塗丹。年過三十成名老，空向溪邊詠釣竿。

古　意

擣衣砧上別離聲，少婦高樓子夜情。翡翠屏開寒露滴〔一〕，珊瑚簾捲朔風驚。懷人千里枯楊戍，擊柝三更細柳營。願作流黃機上月，年年猶得照邊城。

校記：〔一〕『滴』，龍眠風雅作『入』。

塞下曲

九月繁霜木葉稀，驚風千里亂沙飛。將軍赤兔金爲勒，戍卒黄龍鐵作衣。横角夜吹聞四野，長戈朝試解重圍。關山多少征人淚，不及孤鴻天外歸。

自宣大參軍還長安李舒章贈詩步原韻

長揖初歸折幅巾，客星遥見夜來新。暫披襏襫從顏闔，且脱襜褕附耿純。露板交馳争入塞，金城孰守〔一〕議留屯。習聞邊地多男子，怪我相逢少異人。

校記：〔一〕『守』，龍眠風雅作『肯』。

紀事 三首之二

直指旄頭氣不平，燭天烽火照人行。秋高自撤長城險，春盡猶聞塞馬鳴。莫笑于思多棄甲，徒知枵腹即呼庚。中原枯骨甯論萬〔一〕，願祝功成一將名。

結句翻用唐人語，極爲奇確。

雞犬無聲北斗斜，但聞中夜亂啼鴉。丁男高下埋新塚，子女流離説故家。白晝逢人疑鬼魅，陰風吹木盡邊笳。來〔二〕歸何必千年鶴，城郭皆非捲暮沙。

校記：〔一〕『中原』句，龍眠風雅作『中原萬骨枯將滿』。〔二〕『來』，龍眠風雅作『初』。

病中雜詠

孟浪經年獨苦貧，支牀肌骨復誰親？歸魂漠漠迷鄉井，開眼明明見故人。市上驅車争逐道，坐中笑我醉污茵。持湯老婢驚殘魄，依舊呻吟一病身。

吊故相國史道鄰先生

舉目河山勢已更，當年百戰此危城。恨留一矢浮圖著，臂刺孤忠血跡明。擲杖長憐夸父没，揮戈難起魯陽生。相看惟有庭前栢，猶宿棲烏向我鳴。

三、四以南霽雲、岳忠武比況，五、六則傷其盡忠竭力，而無救於危亡也。

大龍山

嶺上秋風起，深林白日昏。亂雲迷澗壑，何處石塘村？

雜詠 四首之一

范蠡扁舟得意，向平五嶽空談。清酒中山千日，黄鸝雨後雙柑。

懷方密之姑熟

十里違山聽蟪蛄，思君舟楫住當塗。曾將池畔驚人句，攜上青山搔首無。

秋日野望

倦眼登臨强欲開，殘山剩水〔一〕載秋來。饒他醉葉紅如火，不是春風淑氣催。

校記：〔一〕『殘山剩水』，龍眠風雅作『剩山殘水』。

登謫仙樓

采石磯頭醉濁醪，興來鼓棹大江濤。殷勤莫負亭邊月，曾照當年宮錦袍。

釣台詠懷

蹩項興劉反掌看，弓藏鳥盡未央寒。看來大將登壇幟，争似長淮一釣竿？

周孚先六首

周孚先 字信臣，廩生，官五河教諭，有祓心齋詩集。

詠　懷

不飲令人愁，劇飲令人困。多病累微軀，服藥期善飯。怕聽曉猿啼，悽聞夜鶴怨。驊騮一顧榮，千古同遺恨。達人早解此，偃仰甘肥遯。取適在琴書，窮通焉足論。

拜朱司農墓〔一〕

青山響杜鵑，花事日將謝。薄緑映殘紅，韶光購無價。策蹇下高岡，郵亭隔茅舍。垂鞭拜遺愛，豐碑斜日射。和風吹馬鬣，古木〔二〕藏桑柘。荒村〔三〕餘舊基，廢甓危垣榭〔四〕。公故愛桐鄉，千祼〔五〕猶遵化。香火走村翁，歲臘酒〔六〕争蜡。君看漢諸陵，春秋誰薦斚？

校記：〔一〕詩題龍眠風雅作拜漢司農朱邑墓。〔二〕「木」，龍眠風雅作「墓」。〔三〕「村」，龍眠風雅作「祠」。〔四〕「榭」，龍眠風雅作「卸」。〔五〕「祼」，龍眠風雅作「載」。〔六〕「臘酒」，龍眠風雅作「酒人」。

牧馬行

圉人争〔一〕設騂騮鞚，天上房星光欲動。湖草初肥錦障連，監官不數王毛仲。守令從來重牧民，只令民命抵微塵。但誇名駒善芻飼〔二〕，豐糈顯秩欺〔三〕廉循。怪來馬政關吏績，手執鞭弭看伏櫪。膏粱羹豆〔四〕擬肥甘，好畜〔五〕龍媒馳羽檄。夜放平〔六〕原曉不收，即〔七〕稱官馬無絡頭。田園踏遍何人齒，但思驅去〔八〕免誅求。追呼莝秣〔九〕愁冗食，歲時買補無休息〔十〕。衙前攤派累數千，任填虛簿甯論直。吁嗟乎！古傳害馬今害人，猾胥狡役〔十一〕奸如神。騏驥廄中飽欲死，哀鴻野外困誰伸〔十二〕！

校記：〔一〕「争」，龍眠風雅作「新」。〔二〕「蒭飼」，龍眠風雅作「飼秣」。〔三〕「欺」，龍眠風雅作「駕」。〔四〕「膏粱」句，龍眠風雅作「剉芻煮豆擬香羹」。〔五〕「好畜」，龍眠風雅作「畜得」。〔六〕「平」，龍眠風雅作「郊」。〔七〕「即」，龍眠風雅作「印」。〔八〕「但思驅去」，龍眠風雅作「願爲驅策」。〔九〕「追呼莝秣」，龍眠風雅作「暮暮朝朝」。〔十〕「歲時」，龍眠風雅作「追呼」；「休」作「時」。〔十一〕「役」，龍眠風雅作「吏」。〔十二〕「哀鴻」句，龍眠風雅作「貧民長饑笞不止」。

抱蜀堂落成

伊昔三都館，今〔一〕成抱蜀堂。林花當牖見，庭草入春香。垣缺山爲補，巖深書可藏。問津容易指，前〔二〕路有垂楊。

校記：〔一〕「今」，龍眠風雅作「新」。〔二〕「前」，龍眠風雅作「依」。

夏日山齋

看人毀譽盡危機，一卷常攜俗任違。忽聽鶯聲桑椹美，偶留僧飯蕨芽肥。鷺穿水陌閒窺影，蝶喜晴闌自曝衣。別有避囂尋樂地，手披荒草上漁磯。

題書堂壁

孤坐清宵夢不成，壯懷幽興各縱橫。蒼松作雨成虬〔一〕勢，夜壑生風聽虎〔二〕聲。杖策〔三〕年將過鄧禹，著書天豈〔四〕愛虞卿。空階覓句行吟寂〔五〕，露洗平蕪月正明。

校記：〔一〕「成虬」，龍眠風雅作「虬龍」。〔二〕「聽虎」，龍眠風雅作「虎豹」。〔三〕「杖策」，龍眠風雅作「學劍」。〔四〕「豈」，龍眠風雅作「亦」。〔五〕「寂」，龍眠風雅作「苦」。

周曰赤五首

周曰赤 字子蘊，崇禎間諸生，有梅山詩稿。郡志：「曰赤博雅多才藝，吴橋范質公、同里方仁植，俱以國士目之。國變遁跡林泉。其所居曰「梅花山椒」云。』潘蜀藻曰：『子蘊受知於范、方二公，比殁，撰吊忠稗言二十章，陳默公序之曰：「有靈均，然後有景宋；有文山，然後有謝、方；有范、方，然後有吊忠之梅山也。」』

得家書

遊子渺天末，高齋念倚閭。啼烏千里暮，歸雁一行疏。歷落烟中樹，蕭條雲外書。開緘〔一〕還自慰，萱序尚〔二〕安居。

校記：〔一〕『緘』，龍眠風雅作『封』。〔二〕『萱序尚』，龍眠風雅作『母老幸』。

挽吴橋范文貞先生

一片塵飛掩舊麻，心隨玉輦度京華。殘碑有字存黄絹，歌管無聲冷絳紗。秋老松雲堪唳鶴，春來梅雨亂啼鴉。長橋細草東原〔一〕路，野水蕭蕭咽暮笳。

校記：〔一〕『原』，龍眠風雅作『南』。

登九華山望江亭

嵯峨傑〔一〕閣勢凌霄，天外長江一線遥。石磴幾層盤樹杪，野田無數挂山腰。塵埋俗客心初定，雲擁仙人手欲〔二〕招。細雨沾衣染空翠，却疑羽化共飄飖。

校記：〔一〕「傑」，龍眠風雅作「小」。〔二〕「欲」，龍眠風雅作「似」。

秋日圩上苦雨

秋霖颯颯〔一〕作江聲，襏襫都從水面行。饞鷺狎人窺竈立，馴雞棲樹下田驚。千家負土防堤潰〔二〕，八月觀濤苦病生。最是淒淒〔三〕蘆荻夜，多時未見月華明。蘊隆纔罷桔槔聲，寒雨秋江一夜平。共倚〔四〕青苗爲相國，誰知烏有是先生。舊菑久失家人望，新黍猶虚祖廟馨。此日報神兼賽社，不勞擊鼓更吹豳。

校記：〔一〕「颯颯」，龍眠風雅作「漫漫」。〔二〕「潰」，龍眠風雅作「決」。〔三〕「淒」，龍眠風雅作「凉」。〔四〕「倚」，龍眠風雅作「指」。

周孔忠一首

周孔忠 字恕行，號雪巔，崇禎間布衣。潘蜀藻曰：『雪巔筆耕養母，以孝稱，性寡合，不喜從貴顯遊。貧無立錐，晏如也。有潔癖，至不與人同巾櫛。嘗預營壙墓，自題「處士」，年八十。』左國鼎周恕行傳：『恕行父鼎卒後家落，而奉母宋孺人負米以盡菽水者，殊備。母嘗謂戚黨曰：「人多子而養缺，吾一子而養周。」性傲岸，遇富人及勢家子，必故挫之。然遇長者，必折節執弟子禮，甚恭。妻卒四十年，不再娶。』姚康伯曰：『恕行爲人若怪石靈草，另一種性。與余屈指古今，而求其亂本，以爲出於議論：出於衆則治，出於一則亂。其持論如此。』

贈陳司李卧子

三泖多才子，文名海内騰。三宗推寶武，七發重枚乘。南國法星炯，西垣赤幟登。腐材〔一〕非孺子，陳榻尚容凭。

校記：〔一〕『村』，龍眠風雅作『儒』。

周永年一首

周永年　字渭崖，諸生，有《憺園集》。

訪王虎臣相留信宿

山堂短榻共追歡，相慰還憐困楚冠。笑飲千杯看眾醒，懶持一鋏向人彈。形容野鶴淩風瘦，文字疏梅傲雪寒。歸去桐溪堪釣隱，懷君遥指碧雲端。

周孔雯一首

周孔雯　字漢舒，號筠軒，順治初諸生，有《五松遊草》。

尋菊伯純齋頭用王子兼原韻

寒花繞砌最清幽，攜手閒過即勝遊。錦句漫從知己索，緑樽還與細君謀。久拚鎮日籬邊醉，盡掃經年客裏愁。自是陶家風味好，殷勤不負碧雲秋。

周肯堂一首

周肯堂 字爾構，號希白，布衣，有蘭皋雜詠。

燕子

小步荒郊外，參差燕子飛。香泥霑翠袖，微雨滴烏衣。欲傍誰家去？曾依故主非。春巢應未穩，零落舊柴扉。

周炳三首

周炳 字煒如，號甪村，國初布衣。

秋　懷

須知天地亦吾廬，何必行吟賦卜居。北望風塵堪醉酒，南來鴻雁不傳書。青藜扶我看麋鹿，白髮憑人笑蠹魚。猶有黄花能晚節，未隨梧葉落庭除。

雪舫新搆銅官别業

聞説園林事事幽，好攜氊席過江頭。一簾蕉葉窗前影，雙槳桃花浪裏舟。對酒不須呼太白，眠雲何用訪丹丘。只孤剡曲重來客，惆悵春風杜若洲。

送友入燕

霜醉楓林葉下初，送君江上嘆離居。故人驄馬如相問，爲道窮愁不著書。

周南七首

周南 字汝爲，號鶴田，康熙初諸生，有鶴巢詩抄。周氏家傳：『公生有至性，事父母以孝聞。弱冠補弟子員，試輒高等，然非其所好也。讀書不事章句，以致用爲貴。嘗謂本朝受天命，一切制度因之前朝，然尚有宜斟酌而變通者，條陳十事上之。雖議格不行，而草野孤忠上塵天聽，與賈生宣室之召同矣。關中楊公素蘊撫皖時，特敬禮之。三韓于公成龍延居幕府，遇民生利弊，慷慨言之，未嘗干以私。晚家居，顔其室曰「鶴巢」。學者稱「鶴巢先生」。』郡志：『南嘗挾策走京師，上軍國大計十事，下公卿議。嘗客粤中幕府，飲酒高會，出歌者十數，各持扇求詩。南援筆立就，各予一絕，皆精妙絕倫。』

平干遇陳默公

客星何皎皎，嘗若參與商。人生重離別，纏綿結中腸。良會殊不易，況乃在他鄉。計我出門時，聞君發建康。我已遍山左，君仍卧高梁。平干一把袂，喜舞復悲愴。故人多坎坷，何以慰琴堂。所幸花陰茂，列作聞清香。涼風八月節，白露沾衣裳。擣月砧聲急，山川阻其長。帶甲東南滿，慷慨悲殺傷。魂夢渺天末，淚下空浪浪。宦遊且不仕，鰥生何所望。塞鴻從北來，努力事南翔。因君生羽翼，遨遊之四方。豈無飲啄恩，區區貴不忘。何如適五嶽，辟穀遺稻粱。倘能遇赤松，飢渴飲瓊漿。索米者何爲？四顧徒彷徨。

南屏山登崑崙十二樓望四圍山色旋遊石照采絶澗菖蒲經飛雲洞取方竹杖踏月而歸

我聞黄山三十二峰天削成，蓮華幻結蕊珠城。旦暮烟雲作濤浪，黄山因得黄海名。黄海東來鄣作祖，飛鳳蒼龍齊步武。華陽南峙玉屏高，文筆接天盈尺五。衝炎取次崑崙樓，晴雲萬里空丹丘。面面山光拂蒼翠，瀑布平分凍雨流。山頭古寺星星立，望裏真仙列郡石。老眼朦朧如見招，恍惚身登藐姑射。縱步幽尋石照山，石鏡分明照玉顔。行人直欲窮五岳，忘却霜侵两鬢斑。絶澗巉崖深莫測，中有菖蒲寸九節。春風獵獵紫光開，餌服靈芝駐顔色。從來采藥幾人來，劉晨揖我入天台。袖裏虬龍競欲舞，山靈見怪胡爲哉。雲飛古洞蔭方竹，劚取一枝償僮僕。扶予蹀躞過蒼苔，也放毫光照天禄。回頭細細望崑崙，落霞返照錦乾坤。踏碎瓊瑶歌石屋，風清月白訪溪村。

黄山多以爲來自匡廬，其實則自婺源大障山來。篇中『黄海東來郭作祖』句，於地脈極爲分晰。

秋思

客夢何曾穩，無家尚有家。人歸江上月，書寄隴頭花。出塞同飛雁，投林似晚鴉。中庭已白露，秋思落蒹葭。

上聊城傅相國

玉堂香襲衮衣浮，相業崇巒尚黑頭。蓮炬十年榮玉軸，薇垣一日重金甌。太平自是推王旦，門客將焉用馬周。長夜瞻星看北斗，三台亦任五雲遊。

過曲周贈陳可庵明府

赤城霞氣覆丹丘，夢裏曾經天姥遊。繞縣名花來海國，還京仙舄認安洲。欣從父老傳三異，却令賓朋廣四愁。解榻無勞分上下，望君百尺最高樓。

韓侯釣台

輕舟西泊釣魚臺，風起雲飛草木哀。可惜淮陽分土日，不能重向箇中來。

菊江阻風

小艇遲遲坐石尤，菊江風色冷於秋。荒涼蘆荻叢中月，只照行人一葉舟。

周 瑄三首

周 瑄 字式玉，號桂岑，康熙間歲貢生，有楚澤寄騷。

月夜舟發九江

春潮初霽流如箭，月滿汀沙明似霰。萬山入暮紫烟横，指點晴峰浮水面。中流畫舫鼓聲急，風帆電掣蛟龍泣。長嘯天空響入雲，誰道西江難一吸？壯士床頭拭寶刀，强弓滿拽風颼颼。波心光溜金蛇動，對此不覺抒霜毫。霜毫落紙連烟霧，瀲灩春流源倒注。疾似將軍鵝鸛鳴，貫石飲金遂没羽。歌成變徵咽清商，碧天無際星微茫。濤聲乍合小孤立，亭亭千仞干雯蒼。奔濤不返豈回瀉，頃刻流光莫相借。銀漢休誇博望槎，仿佛春江花月夜。

出關

匹馬經函谷，先秦百二關。朝辭三輔道，暮度七盤山。忼爽纓堪請，馳驅鬢易斑。功名屬年少，逐逐幾時還。

雨中舟過道士洑

春雨漲溶溶，春風烟靄中。莫作春歸客，怨雨更愁風。

周大璋二首

周大璋 字聘侯，號筆峰，雍正甲辰進士，官龍陽知縣。周氏家傳：『公成進士，年已踰艾。初仕邑令，居官清惠有聲，以年老改華亭教諭。所著有四書精言、左傳翼選、朱子、古文詩集，不傳，僅搜得數首云。』環隅集：『壬午冬，周聘侯家失火，蕩然一空，妻與子俱火死焉。』

孝烈阮先生奉旌

烽火中原遍赤眉，春城血淚使人悲。七旬病母驚魂日，隻手孤兒誓死時。風雨仍含江水咽，松楸常繞墓雲移。盛朝孝治旌門里，豈獨芳名在口碑。

需次長沙感賦

蓼莪久廢淚難乾，惆悵深恩罔極天。漫説椎牛償逮養，瀧岡徒自想碑阡。

周卜政一首

周卜政 字時亮，號存齋，乾隆辛巳進士。周震曰：『公少補博士弟子，戊午舉於鄉，又二十一年始成進士。家素豐，以好結納至中落。晚年爲永平山長，遂居盧龍，老得一第，客死遐荒。後裔貧乏，至不能自存。文章憎命，可勝歎哉！』

除夕感懷

無端五十明朝至，贏得蕭蕭滿鬢霜。豪氣未除成莽鹵，壯心雖在屬荒唐。邊風朔雪頻年慣，樽酒寒燈觸緒長。非已自知知轉謬，次公難禁醒時狂。

周霆五首

周霆　字同旰，雍、乾間諸生，有風月吟。

閒居　二首之一

柴門不用關，活活水相環。花發一林鳥，窗開數點山。聞琴來澗底，放鶴到松間。何必逃禪寂，安居盡日閒。

山房即事

一泓碧水界園林，取次尋幽洽素心。蝴蝶飛時春夢醒，鷓鴣啼處落花深。詩來霞起紅螺琖，興到潮生緑綺琴。何事仙家誇遠到，閬風偏向海中尋。

冬月同葉峰叔懷表兄吴丹霞遊舊庵

巃嵸高逼泬寥天，着屐同登最上巔。北顧三公雲路近，南瞻九子露華妍。濤聲澎湃松垂閣，玉韻琤瑽竹覆筵。嘆息招提遺舊跡，雨欺宫瓦佛衣穿。

三公山在桐之東陲，與無爲州接壤。

春暮偕葉峰叔遊召蔭叔白雲庵館留宿

送春南浦思紛紛，攬翠搴芳日欲曛。濃淡湖光賢聖酒，淺深山色古今文。共懷舊雨來新雨，踏遍青雲宿白雲。最愛上方諸品静，聯吟劇飲到天明。

贈　友

風生两腋慧生牙，二十年前共絳紗。今日相逢猶舊日，略添青鬢白霜花。

周芬斗五首

周芬斗　字汝調，號知還，雍正乙卯舉人，官平和知縣，有入蜀集。王際華序曰：『知還、懷歸爲孿兄弟，與余爲乙丑同年。知還官閩，遽爾解組，攜琴籠鶴，暫駐龍丘。白首弟兄連牀酬唱，友愛之情，歡慰交集。余三復其詩，不禁低徊神往云。』錢維城序曰：『汝調自海外風波來，船至黑水洋，驚濤間湧，著作漂没，僅存波餘詩文數冊。其制藝清超精闢，詩則律入笙簧，思湛冰雪，使彼都風土景物，咸入筆畦墨徑。』

呈紀太守　四首之一

何曾巉削劍門鋒，惟湛恩膏錦水溶。卧治静還勤五馬，行遊春及勸三農。歐公林壑隨賓從，白傅湖山繞桂松。更有庾樓縹緲韻，嘯吟情並寢香濃。

旗尾秋蒐

垂旄揚幟孈名威，風勁偕來獵一圍。猪耳山名。草枯弓月挽，虎頭山名。霜肅鏃星飛。麏麚捷自門關嶺名。獲，旌旆懸從角帶山名。歸。駿馬錦韉賓從盛，鐃歌和罷五絃揮。

題黄樂中小照 集陶八首之一

量力守故轍，屢回故人車。泛此忘憂物，不樂復何如？

過西瀼

我過西瀼問杜田，荒村蔓草盡雲烟。行舟指點詩人宅，剩有青山不賣錢。

清明至合江

山名安樂人偕樂，水號之溪花滿溪。柳弄清明雲釀雨，江東有客滯巴西。

周芬佩三首

周芬佩　字汝和，號紉齋，乾隆乙丑進士，官龍游知縣，有對牀吟。

和知還兄秦淮送別　三首之一

金粟秦淮滿，香生心獨酸。三年纔聚首，萬里又之官。聽雨不成句，飛觴强作歡。何當垂老別，雙淚落江干。

龍署壬申嘉平十七日用東坡是日和子由詩韻同知還兄作

跨海東坡飛舄下，豢龍同叔冷花薰。東西偶聚雙鴻爪，意氣還干五鳳雲。魯酒觴温增舊量，蘇庭韻疊續前聞。百年此會幾回得，怕説天涯袂又分。

龍署元日立春用東坡次秦少游王仲玉原韻同知還兄作 三首之一

陽春天上一朝回，不待椒盤次第催。知是東皇傳勝事，二難佳節併時來。

周芳蘭一首

周芳蘭 字植華，號春圃，乾隆間諸生，有和唐詩三百首。

和韋蘇州秋夜寄邱員外

清秋望不極，明河獨竟天。思君當夜永，三起不成眠。

周　璞一首

周　璞　字儲輝，號韞庵，乾隆時處士。

題山水圖

山光淡抹復濃陰，雲影蕭疏出遠林。溪水自流花自放，空亭何處覓知音？

周馨祖三首

周馨祖　字振宗，號葉峰，乾隆間歲貢生。

楓湖漁歌

底事楓湖好，年年作勝遊。水深魚影静，歌散月光浮。一跳迥無際，數聲清欲秋。良朋寥落盡，回首思悠悠。

丁丑春迎駕金陵

翠華春暖值巡方，駐蹕關河輦路長。風起雲飛催陣馬，月臨星布照仙航。笙歌夾道歡遊豫，士女連聲頌溢洋。萬姓就瞻熙皥宇，岱宗遺典邁虞唐。

遊棲霞

迎鑾勝地昔繁華，傍水樓臺曲徑花。欲覓溪山真面目，白雲深處是棲霞。

周大魁三首

周大魁 字觀栻，號鶴亭，乾隆庚午舉人，官泗水知縣。

沈流烟柳 鷂石山莊八景之一

新柳嫋長條，烟飛翠過橋。聽風揉縷細，倩雪碾花飄。情自繫春短，魂當送客銷。黄鸝啼正好，魚磬忽相招。

春 草

乍經野燒已銷魂，依舊春回映白門。地接闗山青有髮，天連洲渚碧無痕。濛濛鳩雨湖邊路，漠漠鷗烟谷口村。我自枯懷愁憶遠，王孫别後與誰論？

太白樓

我斷江波勢不流，先生浩氣白雲浮。杯中獨自有千古，筆底誰能更九州？狂飲直忘天子召，清詞猶待貴妃求。松臺石磴遺風在，可許遙吟一倚樓？

周映封三首

周映封 字希白，號五雲，乾、嘉間處士，有五雲詩抄。

晨遊集雲刹

古寺依山麓，晨興一暫過。樹高迎日早，地暖得春多。簇簇花光媚，嚶嚶鳥語和。數聲清磬發，餘韵徹巖阿。

閨　怨

去年柳色新，送郎渡頭去。柳發滿春江，郎今在何處？

派河遇陳生

二十年前與子歌，雙溪古渡月明多。於今俱作天涯客，秋雨秋風過派河。

周　驥八首

周　驥　字珍宜，號水竹，乾隆間國學生。

送族祖翼雲入都會試

天地靜如石，萬物動如烟。日月逐其中，世事何茫然。與君二十時，自分掄青錢。高吟渺河漢，風雨話新編。晨夕頗足樂，迅速如雷鞭。相聚曾幾時，相違又當前。獨展排虛翮，一舉路三千。惟此耿耿心，隨鴻翱九天。

呈姚南青先生　二首之一

兀坐空山裏，乾坤一老儒。鞭心入道妙，無語對苞符。架上百家滿，庭前緑草鋪。何當親麈尾，願與執炊菰。

孤　雁

萬里冷雲横，高秋一雁聲。響隨孤影泣，哀自九天傾。何處覓賓主，相親話姓名。南來有岐路，珍重日長征。

雨霽約施築墅賞小園茶花

連朝細雨點蒼苔，最喜扶桑曉日來。兩樹山茶前夜放，一樽社酒爲君開。林花處處尋芳好，春思茫茫任鳥催。我欲拂衣去南土，及時相賞莫遲回。

送　別

一座爲君醉，君言行路艱。惟傾三爵酒，好陟萬重山。

采蓮曲　六首之一

落日横中野，輕舟漾方塘。上有並頭蓮，下有雙鴛鴦。

九日戲贈陶鳴珂

無邊風雨近重陽，籬畔何人尚舉觴。惟有陶家風味好，一秋贏得菊花黄。

贈侯二

英姿颯颯耀餘曛，撫劍悲歌義薄雲。惟有夷門老關吏，於今南楚又逢君。

周捷英五首

周捷英 字鵬薦，號墨仙，乾隆癸酉拔貢生，景山官學教習，有妙香齋集。

秋夜對月飲酒　十首之二

秋風掃殘雲，露下月初白。團團照房櫳，清輝透簾隙。主人擕一樽，快意手加額。遠遊今始歸，雖困不爲阨。時承堂上歡，未受室中謫。欣然斟酌之，邀月共此席。

我本山澤人，幼學寡所操。詩書多醞釀，間亦醨其糟。今茲誠倦遊，馬售車不膏。静觀迹與心，得逸償前勞。以此發詩興，軋軋蠶三繅。詩成自吟詠，若續寒蟲號。窈然夢八荒，月小秋雯高。

史 臆 四十九首之一

進士得不難，要出宰相手。宰相得不難，要出軍容口。唐宗日凋殘，國事在芻狗。竭民以奉官，官不得而有。竭官以奉閹，宦者粟紅朽。水旱歲頻仍，萬錢米一斗。山東二百州，盜賊衆如莠。節鎮置不聞，郡邑多掣肘。遂使黄巢兵，百萬肆其醜。

龍岡曉霽 梅塘八景：松亭枕濤、長溪疏柳、東臯古梅、鵲岸文石、三公積雪、小磯垂釣、蘆江泛月，此其一也。

夕望風烟闊，岡頭雲影開。海潮隨雨漲，山色渡江來。芒屩埋紅葉，荷衣溼緑苔。漫言谿路滑，新月照巖隈。

蕉旗

誰把青綃費剪裁，翩翩新漾自蓬萊。蒼龍東帝三春展，翠鳳秦王五丈開。落日平池滋蕩漾，疏星碧宇共徘徊。曾看紫府瓊仙醉，得導花神月下回。

此蕉窗八詠之一，其蕉影云：『有眼暗窺池底月，無人低颺竹間烟。』蕉聲云：『別館歌殘人散後，疏櫺燈暗雁來時。』

周心停一首

周心停 字應來，號止庵，乾、嘉間諸生。

春日登王香谷曙輝閣見左石儔畫有感

小閣棱層接太虛，憑欄一顧竟如何？春風依舊吹芳草，曙色還來照綺疏。到眼丹青新鬼筆，傷心卷軸故人書。多情獨有雙飛燕，猶認雕梁是故居。

卷二十九

王槼　戴鈞衡
蘇求莊　左維養　同校

李遇芳三首

李遇芳　字德林，號庭實，萬曆中諸生，著有棲真閣草。

席上答胡賓甫〔一〕

君問余家住〔二〕，新居古道傍。短牆茅屋淺，野圃豆花香。村釀提壺醉，松風到枕涼。柴桑五柳宅，此地欲〔三〕相方。

校記：〔一〕「甫」後，龍眠風雅有「問余隱居」。〔二〕「君問」句，龍眠風雅作「君問儂居處」。〔三〕「欲」，龍眠風雅作「或」。

晚眺

千林朔氣正蕭條，箕踞憑高四望遥。晚照氤氲飛野鶴，寒空颯沓下霜鵰。訪基〔一〕客去穿松徑，送酒人來渡板橋。歸到山房薄醉後，龕燈隱隱興翛翛。

校記：〔一〕『基』，龍眠風雅作『僧』。

美人看花圖〔一〕

羅幃恨無侶，早起對花語。妾心那負花，不分郎愛汝。

校記：〔一〕龍眠風雅『圖』後，有『爲袁聖基題』。

李正時二首

李正時 字希白，號□□，萬曆間貢生。

岳陽晚景

木末秋風起，青山送雨歸。日低真見落，雲遠不知飛。雁影〔一〕烟中淡，鷗群沙際稀。倚闌情未倦，寒氣溼人衣。

校記：〔一〕『雁影』，龍眠風雅作『夜色』。

夜坐聽雨

聽雨山中寺，蕭條對佛燈。春懷偏惱客，野興未嫌僧。雷似千峰動，泉應一夜增。壯心方激烈，静坐欲飛騰。

李明柱三首

李明柱　字仲臣，天啟間諸生。

客中送别馬倩若

中流共擬布帆開，别館淹留客思催。摇落愁看河畔柳，迢遥憑寄隴頭梅。稻粱湖海還蕭瑟，松菊丘園付薜苔。把臂鄉關堪屈指，烹鮮沽酒射蛟臺。

旅中送馬孔璋之白下

濁酒相逢君且醉，别來累向夢中尋。冷分秋浦羈人色，歸引秦淮客〔一〕子心。渺渺有懷虚北道，招招須我報南金。長干市上煩傳語，待有狂夫碎古琴。

北道主人見後漢書。

校記：〔一〕『客』，龍眠風雅作『游』。

水中雁字　二首之一

渚濶沙寒羽翼沉，蒼翁篇外別傳心。雲書不用三都紙，海墨難酬百濟金。上視青天隨意點，空浮碧落幾人臨。萍蹤浪跡皆成幻〔一〕，有客離愁思〔二〕不禁。

校記：〔一〕「幻」，龍眠風雅作「帖」。〔二〕「離愁思」，龍眠風雅作「旁觀俊」。

李越一首

李越　字白也，布衣，有墨坪、圃間等草。

春日遊王太史西園

木石皆成趣，悠然澹客情。鳥聲花底媚，詩思竹間清。鶴去亭無侶，堂虛雲自生。攜尊桃李好，偕坐聽流鶯。

李明楫二首

李明楫 字叔濟，歲貢生，有屏嶺集。郡志：『寇亂，偕兄奉母避地，突遇賊，急匿母，而請代其兄死，賊義而並釋之。著有史斷、龍眠叟談、嶼箨山房稿。』

露筋祠

曹娥溺爲父，荀采縊爲夫。古傳諸節烈，有激乃捐軀。女〔一〕烈何所激，甘令蚊噬膚？委形棄草際，芳靈入雲衢。姓氏何湮没？祠峙高郵湖。湖水清且長，千載映庭隅〔二〕。古今慕義者，憑吊相嗟吁。所慕彼姝子，趦趄行暮途。倉皇心不亂，甯死不投污。足啟志士心，堅忍與時需。莫向荆榛地，俛首赴前驅。

校記：〔一〕『女』，龍眠風雅作『兹』。〔二〕『千載』句後，龍眠風雅有『朝飛巢林鶴，夕飛宿渚凫』。

早春送姚夔湖司馬任開化

雪霽驛梅紅，驅車向曉風。地臨方夏外，程盡暮春中。報最傳三異，徵才舉六雄。佩刀堪託贈，莫讓海沂功。

李文華一首

李文華 字質卿，號石芝，崇禎間歲貢生，有清音集。

過朱公墓

望望名賢跡，樵人指碧林。荒墳經雨溼〔一〕，殘碣隱雲深。漢代循良蹟〔二〕，桐民遺愛心。甘棠應不遠，謳頌到於今。

姚南青朱公墓碑記：『漢書：朱邑自舒桐鄉嗇夫，官至大司農，且死屬其子曰：「我故爲桐鄉吏，其民愛我，我死必葬我桐鄉。」及卒，葬桐之西偏，民共爲起塚立祠。今去縣西二十里石井舖地。志有「朱公墓者，即司農之墓也」。』

校記：〔一〕『涇』，龍眠風雅作『斷』。〔二〕『蹟』，龍眠風雅作『政』。

李在公四首

李在公 字未盡，號我知，崇禎末貢生，有蔓嶺山人集。郡志：『未盡建殣社庵，檢枯骨瘞之。凡所遭寇疫死者一萬七千數百人。』璥按：張文端集有贈李蔓嶺山居詩四首，句云：『青山留隱逸，白首到林泉。』『抱琴深竹裏，伴客小谿邊。』『松根客嘯傲，筑竹任躋攀。』『采藥邀隣叟，尋蘭贈故人。』蒼巖翠壁間，吟風嘯月，爲巨公所傾慕，即其人可見矣。

聞杜鵑

正憐春色好，花裏一聲傳。酒散雨餘樹，夢回星在〔一〕天。江南文字禍〔二〕，洛水燧烽懸〔三〕。翊運何人事，相期各勉旃。

校記：〔一〕『星在』，龍眠風雅作『月落』。〔二〕『禍』，龍眠風雅作『亂』。〔三〕『燧烽懸』，龍眠風雅作『羽音先』。

鬘嶺山居

家住鷹峰鬘嶺邊，千竿修竹一溪烟。石堆高下天然几，徑繞參差卦畫田。有客傳知乾鵲〔一〕喜，無人嬴得小奚眠。閒看日暮樵歸〔二〕侶，換取鮮魚挂杖旋。

天趣自適，有擊壤集之遺風。

校記：〔一〕『鵲』，龍眠風雅作『雀』。〔二〕『樵歸』，龍眠風雅作『歸樵』。

投子山次元白禪師韻

山因水鏡稱投子，近日猶將漢代看。暮靄時翻金色相，蒼苔漸長碧琅玕。興亡滿目千峰壯，代謝無心一徑寒。自仗法雲疑蓋後，瓣香常聽祝平安。

山居

水濺石如語，山高天若隣。閒來無箇事，溪上自垂綸。

李在銓一首

李在銓〔一〕 字當衡，崇禎初諸生，有映月軒詩草。郡志：『流寇躪桐，銓助有司籌守禦方略，登陴告誡，城賴以全。』潘蜀藻曰：『當衡工書畫，晚號石逋，嘗與陳滌岑、張西岑、姚丹楓、劉西麓、姚羹湖、姚磬青爲花會，以繼九老七英故事。年八十五無疾卒。所著有塵略、蠡海、猥談。』

校記：〔一〕『李在銓』，龍眠風雅作『李銓，初名在銓』。

春仲同還山芥須郭外看櫻桃花有感

舊是吾家塾，今看別苑花。隔牆曾過酒，散地已〔一〕烹茶。徑仄防騎馬〔二〕，烟深老宿鴉。

探春人事改，惆悵鬢增華。

校記：〔一〕「已」，龍眠風雅作「屢」。〔二〕「徑仄」句，龍眠風雅作「門閉防征馬」。

李毓崑三首

李毓崑　字攻先，號他石，崇禎間諸生。

六月六日方玉文撍公〔一〕陳子垣家士雅集東郊雨宿書舍

赤日炎歊甚，遊蹤〔二〕破緑苔。一時雲氣集，四面雨聲來。荷蓋翻珠粒〔三〕，蓮香浥酒杯。相留宿村舍，刻燭見清〔四〕才。

校記：〔一〕龍眠風雅「公」後，有「彭子」二字。〔二〕「遊蹤」，龍眠風雅作「諸君」。〔三〕「蓋」，龍眠風雅作「葉」。〔四〕「清」，龍眠風雅作「詩」。「粒」作「子」。

秦寇過城諸將堅壁不戰感賦

十萬黄巾控馬飛，孤城誰把肉屏圍？美人竟夕敲檀板，時羅、孫、龐、左諸將皆頓兵城内，擁聲伎爲長夜飲。大將前時〔一〕解鐵衣。市上只添鳩鵲侶〔二〕，師中莫測鬼神機。千年宗社〔三〕無疆福，不見江淮盜賊稀。

校記：〔一〕『前時』，龍眠風雅作『多時』。〔二〕『侶』，龍眠風雅作『面』。〔三〕『千年宗社』，龍眠風雅作『聖明天子』。

卜居

忽厭城居隘，西疇蹈幾回。商量買幽築，須種數株梅。

李雅六首

李雅 字士雅，號芥須，崇禎末貢生，有白描齋詩集。郡志：『士雅胸次磊落，喜遊覽名勝，爲詩文沉酣宏肆。張相國英謂爲啟匣之劍、映日之珠，其光鋩不可掩云。』方奕于吹簫詩集序：『友人李芥須論詩四十年，散佚者什之八，收拾餘篇，曰吹簫集。余嘗論詩，以幽清縹緲、翛然有餘韻、要眇而悠揚者，爲詩家之極則。其噌吰磅礴者次之。蓋詩之爲物，類空靈窈窕，高人逸士之所徬徨而寄託，其淒切動人、嬝娜游揚不自知者，性情之原，神明之器也。若芥須之詩，其近之矣。』又，草窗道人扶鳩序曰：『芥須別號「草窗道人」，蓋取周子「窗前草不除」之意也。芥須讀書鷓鴣庵，每與余兄弟唱酬風雅，揚摧古今。其遊蹤所至，如都門、吴門、皋陶城之間，往往有金石詠歌聲，其筆墨所表異如神龍舒卷於雲霓中，不見其首尾。』張文端集東皋篇寄李芥須：『吾里自昔多詩豪，澹蕩磊落推東皋。平生嗜潔老成癖，等閒若浼嫌吾曹。天才排宕兼衆妙，長歌短句淩風騷。浄如好女對明鏡，壯如碧海奔洪濤。秀如摩天閬州石，快如剪水并州刀。落筆奇氣横九秋，俛視儕輩聲啾嘈。壯年足跡東南遍，十指天際舒綵毫。瓊海珠江歸去來，功名敝屣輕鴻毛。一卧東皋今老矣，酒腸詩興空綈袍。抱手猶令四座驚，蕭疏短髮時頻搔。日坐柴門望老友，瓦盆爲客開新醪。卧我小亭輒信宿，七載不見思鬱陶。欲謝風塵息倦翮，明年秋水乘輕舠。願君善飯使君健，相對劇飲持雙螯。』璈按：芥須先生與何存齋先生編輯龍眠古文一集，自謂其家藏吾鄉諸前輩文集無慮數十種，今按目而稽，亦什不得二三矣。而龍眠古文猶幸有傳本，其板已燬。歲癸巳，余因與吴星槎、馬元伯、朱芥生諸君鳩資重鏤，仍俟異日續成二集，以繼李、何二先生之夙志焉。

繞梁歌呈徐太史〔一〕

公歌劉繞梁，我飲〔二〕滄州酒。園中秋已深，園外風吹柳。柳老不棲鴉，我醉留〔三〕公家。醉聽繞梁歌一曲，清聲宛轉徹雲霞〔四〕。

初唐沈雲卿、王子安之遺。

校記：〔一〕詩題龍眠風雅作劉繞梁倣吾家太白楊叛兒樂府體即用原韻呈徐太史。〔二〕『飲』，龍眠風雅作『喫』。〔三〕『醉留』，龍眠風雅作『尚滯』。〔四〕『醉聽』二句，龍眠風雅作『爲耽繞梁歌喉妙，一聲真正徹雲霞』。

初秋同潘木崖方還山姚彥昭周信臣送張夢敦入都

遠峰亭前芳草緑，萬竹檀欒戛蒼玉。紫薇花傍竹邊開，開到秋來猶未足。張君舊〔一〕是紫薇郎，前年花發歸故鄉。今年花殘送君别，高林遠近啼寒螿。畫船簫鼓江風駛，圖書尚染吴山翠。夢敦時自武林歸。行過黄河望帝京，雲裏嵯峨宫闕異。計程八月到漁陽，好逢丹桂飄天香〔二〕。玉堂學士瀛洲客〔三〕，翩翩觴詠〔四〕聲琳琅。此時瀛海仙人輩，誰是房喬〔五〕杜如晦？張緒風流冠六朝，再來名重〔六〕詞場内。詞場旗鼓孰相當？羡君本自天人行。若言吐鳳文〔七〕何貴，便是生花夢亦常〔八〕。此去朝廷多制作，高文典册憑揮霍。草〔九〕將手筆推許公，燕公翕然領臺閣〔十〕。送君便欲隨君車〔十一〕，却戀〔十二〕東皋舊草廬。班荆夙好猶相憶〔十三〕，願寄長安雙鯉魚。

格致清妍，蔚然深秀。韓君平、錢仲文學右丞之作。

校記：〔一〕「張君舊」，龍眠風雅作「六郎本」。〔二〕「好逢丹」，龍眠風雅作「滿城叢」；「飄」，龍眠風雅作「吹」。〔三〕「瀛洲客」，龍眠風雅作「桂邊坐」。〔四〕「翩翩觴詠」，龍眠風雅作「把酒詠桂」。〔五〕「喬」，龍眠風雅作「公」。〔六〕「名重」，龍眠風雅作「身入」。〔七〕「文」，龍眠風雅作「玄」。〔八〕「便是」句下，龍眠風雅有「我把君詩不去手，我讀君詩不去口。至今浣手用薔薇，至今極口推韓柳。君書古人何所如？蘇黄米蔡皆籧篨。我家北海亦胥吏，元常逸少供軒渠」。〔九〕「草」，龍眠風雅作「莫」。〔十〕「燕公」句下，龍眠風雅有「側聞當年崔定州，三十作相傳千秋。以君異時居政地，休羡中書此黑頭。老夫白頭衲子相，方干潘岳同疏放。更招姚鵠與周郎，君家難兄共酬唱。我欲送君上花舫，看君乘風破秋浪」。〔十一〕「送君」句，龍眠風雅作「此意屢舉復趑趄」。〔十二〕「却戀」，龍眠風雅作「歸臥」。〔十三〕「猶相憶」，龍眠風雅作「不相棄」。

別〔一〕超宗深莊

何處春光〔二〕好，深莊在大龍。杏花十五里，鳥路一千重。畫意供真素，詩情比淡濃。長卿吾愛爾，安得竟相從？

校記：〔一〕「別」，龍眠風雅作「劉」。〔二〕「春光」，龍眠風雅作「談心」。

南郊看杏花懷田公北園

客歲江天好，扁舟到白門。相逢桃葉渡，攜手〔一〕杏花村。此日遊南郭，懷君獨〔二〕北園。如何霞綺席〔三〕，不及共銜尊。

校記：〔一〕「攜手」，龍眠風雅作「即問」。〔二〕「獨」，龍眠風雅作「在」。〔三〕「綺席」，龍眠風雅作「片片」。

悼亡 傷綵姬十八首之一

宛轉歸香閣，開匳揾淚時。助妝雙翡翠，暈頰片胭脂。花露傾還滴，珍珠數較虧。最難禁痛處，三尺緑雲垂。

懷環青〔一〕

居庸關外草萋萋，倦馬悲鳴日欲低。老愧終軍猶浪迹，貧如季次更〔二〕何棲？桃花四月聞邊雁，麥秀〔三〕連塍見野雞。別後獨吟風艷句，牡丹亭在畫樓西。

環青舊句。六句與夢得『麥秀空城』語並稱佳句。

校記：〔一〕詩題龍眠風雅作牡丹亭在畫樓西還青舊句也懷還青輒誦此。〔二〕『季次更』，龍眠風雅作『原憲定』。〔三〕『秀』，龍眠風雅作『葉』。

李延壽四首

李延壽 字仲山，順治時布衣，早卒。錢田間哭仲山詩：『之子吾鄉秀，樅川跡最奇。

狂言疑薄俗，多藝本無師。死杖故人殮，生憐没齒饑。不知去婦篋，留取幾篇詩。』

平江舟中

雲帆漸喜近金閶，何處園林問辟疆？一座好山看入畫，萬株高柳數成行。過橋花市通香水，賣酒人家住半塘。多少吴儂歌子夜，客中纔聽已淒〔一〕涼。

校記：〔一〕『已淒』，龍眠風雅作『覺悲』。

虎丘中秋

客遊時節易蹉跎，忽值清秋吴郡過。連日雨餘今喜霽，中天月好奈愁何？堤邊萬舫如相約，石上千人不礙多。醉裏却迷歸去路，滿河〔一〕鐙火送笙歌。

『可中』、『亭前』、『一片石』、『殊氈勝場』四語，極爲警切。

校記：〔一〕『河』，龍眠風雅作『江』。

寄汪平子

去年七月金陵别，消息中間兩不知。舟過虎山〔一〕惟見石，客來雁汉只傳詩。溪邊雪落梅開早〔二〕，江上帆來〔三〕我到遲。莫負秋風好涼夜，一聲長笛使人思。

校記：〔一〕『山』，龍眠風雅作『丘』。〔二〕『溪』，龍眠風雅作『山』；『落』作『下』。〔三〕『帆來』，龍眠風雅作『君歸』。

六安道中遇雨宿田家

荒村底事苦淹留，地主依依稍解愁。攜罩捕魚供遠客，犁田趁水駕耕牛。坐看兩脚深林斷，起望山頭宿霧收。臨別牽衣童稚熟，王孫一飯幾時酬？

李　嵓一首

李　嵓　字長康，號古棠，康熙間處士。省志：『長康壯年屏經生利禄之學，爲詩刻意唐人，吐棄凡近，入東野、閬仙之室。畫品平淡高遠。家無儋石之儲，而鼎彝花竹恒足自怡。論者以爲王百穀、陳仲醇之亞焉。』江汶川夢李古棠詩云：『生當勝國鼎革日，常懷先澤含傷悲。落落無心事進取，義熙甲子編陶詩。負性褊介少容物，取與非義嚴修持。抗心希古志著述，傳覽典籍勤畬菑。餘工適意託書畫，寸縑片紙咸堪師。』又云：『蹇驢襆被別京師，放浪山水陶襟期。路尋東魯拜孔孟，詩吟古廟招夷齊。胸懷浩浩自千古，更登華嶽窮河湄。老歸西山卜深處，種梅滿谷將棲遲。』此詩足盡先生平素，可當傳誌矣。

感述

花發長教負好春，黑頭今見雪霜新。江湖有興遊無具，藥餌難求病在身。睡穩却嫌呼米婢，詩成猶有索書人。年來事事多屯蹇，赢得癡狂惹俗嗔。

璥按：先生畫筆尚多流傳，而省志稱其工詩，諸家集中亦多有與先生唱酬之作，遍覓無從得其遺集，良可欷也。

李文達一首

李文達　字桂林，邑諸生。

過南康

水國三千里，征帆一月程。南康今夜月，不比故鄉明。

李仙枝十八首

李仙枝　字寶樹，乾隆間諸生，有抱犢山人詩集。吴德旋聞見録：『寶樹，海峰弟子，性孤介自喜，棄諸生，徧遊湖山，爲詩學海峰而似之。』姚姬傳抱犢山人墓誌曰：『自劉海峰先生晚居樅陽，以詩教後進，桐城爲詩者，大率稱海峰弟子。然爲詩自有性情，非其性情，雖學不能善，李君寶樹游海峰之門，學其詩而似之。孤介自喜，爲縣諸生，早棄去科舉學。在家爲園池、植竹樹自娱。稍稍積錢，即出遊覽山水，遠絶城市，其性情真詩人矣。』許士煌抱犢先生傳：『先生生時，母夢丹桂一枝，故名。少從劉海峰、張螺岑遊，少作即有可觀。己卯應試金陵，時東吴朱覲宸、趙奇三負宿望，先生攜所作詩投，皆大稱賞，以爲有太白、長吉之風。其制義風格古澹，然不合於時。其爲人，正以律身，直以繩物。凡有紛難，片言立解之。宗黨推爲祭酒，年五十棄諸生，謝從遊。於居之西偏闢地爲園，松、竹、梅、蘭，羅植前後，題其園曰「四友」。又搆屋數楹於其間，所謂抱犢山房，所著有抱犢山人詩集六卷、谷耕堂時文二卷。』袁枚隨園詩話：『抱犢山人館方氏一梅齋，夜半闢山，宿鳥驚噪，因得「推窗驚鳥夢」，以爲似賈浪仙，終未成篇。又隔五年爲山館，蟲聲棖觸，乃續成之。』姚惜抱題四友圖曰：『山人詩才奇逸，襟懷灑落，真無纖毫塵俗人也。今年遊吴越，與余值金陵，視以四友圖，因題贈之：「君搆巖居積翠重，飄然偶出似雲龍。孤舟乘興行千里，襆被吟詩入萬峰。屢痛昔賢披墓草，自希良友結霜松。歸休梅竹蕭疏裏，風雪余將策杖從。」』

短歌行

塵劫茫茫，乾坤浩浩。壯士幽懷，惄焉如擣。一解。鶴困於籔，虬蟠於泥。短翼細鱗，山海任之。二解。志與願違，愁與日迫。黄河可清，黑頭已白。三解。粃糠何用，簸揚維箕。鏌鋣鑷屨，乃不如錐。四解。言有金丹，緘之骨髓。長生難期，神仙幾死。五解。來日苦少，去日苦多。昨日今日，對酒當歌。六解。

秋夜感懷　十首之一

夜深隨月步，悄立大道旁。持杯影與立，影高一丈長。徘徊在千古，千古正蒼茫。壯士當秋憤，窮士當秋傷。拔劍舞婆娑，頓欲裂青緗。功名在萬里，何爲守虚堂？

擬古　十六首之四

灼灼宅邊桃，拂拂牆陰柳。春日布陽和，夭斜當户牖。蕩子滯天涯，孤負家園久。花無百日芳，人無百年壽。花時人不看，花落將誰咎？

食梅詎不酸，食蓼詎不辛。君子有遠志，志士豈憂貧？顔生居陋巷，子夏衣懸鶉。人生有定命，榮枯如轉輪。奈何慕勢者，餘光希照身。一旦拂心意，棄之若埃塵。不見嚴子陵，獨釣桐江濱。

火熾因高滋，膏盡火斯滅。井渫見泉上，泉涸井亦竭。雖有猛虎力，難入蟻門穴。奈何重千鈞，一髮垂不絶。人生天地間，奄忽如電掣。何用求萬全，終身形廆骩。栩栩蝶與莊，夢中無由別。

揮酒不欲飲，進饌不能食。童子向何爲？我心有所憶。憶君如行雲，東西安可測？君心在我心，鬱鬱情何極。我心匪君心，區區恨未識。

數首情詞慷慨，意致俊逸。鮑明遠行路難之遺響。

抱犢吟　三首之一

自序：余家抱犢山中，舊名長山，又名眠牛。四山環抱中，一小阜隱然如犢之卧也。予移家於此，易今名，因號抱犢山人，酌酒對山，閒吟自適。

朝抱犢兮山中，夕抱犢兮澗曲。澗齒齒兮流清，山油油兮草緑。維爾犢兮夫何欲，女蘿帶兮薜荔衣。飯凉松兮卧朝暉，山中人兮相依，朝與遊兮夕與歸！

休洗紅

休洗紅，洗多紅一空。無情最是落花雨，偏在紛紅駭緑中。有髮莫羡青雲繞，有眉莫恃修蛾好。西風一夜凋梧桐，水色似人何不早。

銀塘曲

金堤綠線裊晴風，銀堂波皺縠輕籠。樓臺倒影水摇動，晚霞紛映魚尾紅。鴛鴦兩兩唼波亂，姊妹凭肩臨繡岸。芙蓉枝亞愛雙棲，昵語殷勤嬌共喚。花袍白面誰家郎？閒來試馬走垂楊。玉鞭斜拂疾如箭，驚起雙雙空斷腸。

歲荒歎　四首之二

火龍千里當空翻，赤精射地草木髡。陂塘涸竭龜兆坼，細鰕大魚逃無門。栽禾已過五月節，秧馬猶懸農父室。新穀何來舊谷空，日望雲霓眼流血。父鬻子兮夫鬻妻，千秋萬慘盡一啼。得飽幾時亦溝壑，恨不忍死相依棲。書生觸目傷懷抱，肉糜豈識容枯槁？聖人赤子心萬民，繪圖誰進監門表？

焦山瘞鶴銘碑用昌黎石鼓歌韻

焦山屹立海門上，我來絶頂發嘯歌。星辰打頭雲湧足，曠觀瀛海心如何？時平無警西津渡，空浮戰艦眠干戈。雲烟變滅三山近，天水涵空相蕩磨。特訪禪林步仄徑，詩壁奇字環搜羅。老僧爲指碑銘鶴，巨石峻立良巍峩。昔聞此碑藏水底，波翻浪激依巖阿。精光不受蛟虬泊，至寶疑有神鬼呵。流傳王顧互推測，陶公真隱疑無訛。六十三字歐陽録，字畫奇古蚪與蝌。六丁收拾雷霆攫，光射石壁騰蛟鼉。纖波濃點截藤蔓，仙人何處持斧柯？滄州陳公鵬年好事者，輕舟直下疑投梭。鑿石懸絙出漭瀁，剜苔剔蘚閒委蛇。役使衆指舁佛地，移山神力驚羲娥。馮夷手捫爲雨泣，海若目注爲垂沱。吁嗟鶴兮本微物，九皋舊日鳴聲和。玄黄幣裹葬刻石，至今摹搨珍金科。皇象不作史游歿，六書遺蹟見豈多。瑰奇直逼周石鼓，應徙太學駝明駝。更聞茲山有周鼎，海雲庵裏曾經過。虎彝蜼敦並寶貴，金沙玉屑爲磨磋。何若此碑鬱文采，風描月印横滄波。董逌黄長睿好古出真鑑，考同辨異無偏頗。通明筆法接斯籀，斷自天監説靡他。短亭連石翼其上，徘徊廡下高吟哦。蒼頡造字竟雨粟，逸少寫經能換鵝。藝事通神定不朽，華陽真逸人則那。嗟余少小弄柔翰，讀書矢志孔與軻。一技難名轉瓠落，蒼茫閲世如恒河。作詩爲繼銘詞後，千秋悵望增蹉跎。

『横空盤硬語，妥怗力排奡』，嗣韻昌黎，庶幾無愧。

山館 隨園詩話

宵深寒氣重，山館劇凄清。夜月猿僵卧，秋螢鬼擁行。推窗驚鳥夢，倚枕辨蛩聲。寂寂孤燈燼，匡牀已二更。

遊仙 四首之一

瓊樓十二鬱岧嶤，日轉罘罳影動摇。碧落侍郎持羽節，絳都太史馭雲軺。種星十斛銀河闊，修月三旬玉殿遥。廣奏鈞天曾入夢，仙音一任閬風飄。

飄飄有淩雲之氣。

長夏偶作

萬緑陰中一徑斜，禪堂清梵静無譁。階前愛對祖孫竹，棚下嘗看子母瓜。有興淩風傾栢葉，無機長日讀南華。可堪霪雨兼旬月，幾處流民未有家。

石　澗

抱犢山房九詠之一　按：山房之名，則谷耕堂、几岸、蘿徑、抱犢軒、松坡石、根樹、響泉堰、清水塘，與此而九也。

石澗自逶迤，寒泉流不竭。鳥啼寂無人，青苔淨於髮。

泊山塘

長河鎮日片帆揚，暑氣難勝拂簟凉。十里簫聲明月夜，酒醒人説是山塘。

見新燕

尋巢擇室幾經春，故國烏衣入夢頻。上苑喬林飛不到，生成漂泊是依人。

袁隨園曰：『此山人客金陵有感而作，其志亦可悲矣。』

侯珣一首

侯珣 字□□，萬曆間諸生，有衍回文詩。江南通志：『珣博洽善文，嘗衍蘇氏回文詩。其爲詩文閎肆秀麗，娱志烟霞，飄然隱君子焉。』方本庵邇訓：『珣嘗謂蘇氏回文詩，白樂天嘗讀至五百首，慧女巧思，猶未之盡也，遂衍之至八百首。』王士正居易録：『珣衍蘇氏回文，凡三言、四言、五言、六言、七言，斜直圓方，周旋出入，得詩八百首。又善投壺，著壺譜，奏矢一百四十法，置酒張壺，按譜投之，縱横進退，飛躍疾徐，各臻其妙。』

春　詞

芳春媚色草蒼蒼，秀水清溪曲繞廊。簧囀巧聲鶯戀柳，月翻新影蝶來牆。香風篆動花陰轉，暮日光斜鳥語忙。楊絮亂繇飛往白，遠山青影碧紗窗。

按：先生所衍回文八百首，爲方明善公、王文簡公、張文端公所稱許，今求之渺不可得，甚矣，名跡之易湮也。

童自澄一首

童自澄 字定夫，號静齋，萬曆間布衣。江南通志：『家貧志學，嘗自言曰：「泰州起布衣，爲餘姚高足，彼丈夫也。」遂交友四方講學之士，建輔仁會館於樅。嘗坐一小樓，顏曰「静齋」。』方達卿邇訓：『定夫自見張甑山後，即毅然志學，結社樅川，積三十年清風凜凜，弟子彌衆。』

陶桓公祠

誰尋遺廟空山裏，古砌無人啼鳥驕。八郡謀猷成往蹟，滿庭花雨又春潮。家憐賢母無完髮，世有文孫不折腰。久向惜陰亭畔立，轉思身世重悲憀。

童奇珍一首

童奇珍 字獻其，崇禎末諸生。

瓶中桂花

誰家玉樹露凝香，午夜秋風拂素裳。折取膽瓶供清玩〔一〕，不知明月上胡〔二〕牀。

校記：〔一〕『折取』句，龍眠風雅作『摘取瓶中堪把玩』。〔二〕『胡』，龍眠風雅作『寒』。

童先登八首

童先登 字誕夫，號曉坡，康熙間國子監生，有滄遠堂詩草。

擬　古

山花桃李紅，是妾來時覯。春風歲歲吹，花開復如舊。結髮爲君妻，誓言两相守。自君萬里行，中道有翻覆。巫山常苦高，湘水常苦深。豈知高與深，是妾思君心？

蓮池新漲

夜雨失村路，連畦皆水雲。蘋花不堪采，鷗鳥自爲群。我欲呼漁艇，相將蕩夕曛。美人在何處？一望碧氤氲。

一往自然，天趣盎盎。

送方莊亭之官四川

學古堪時用，群黎待治平。化從爲宰始，官自入川清。故里瞻星緯，彤庭署姓名。明年春色好，花遍錦官城。

由灊山之郡道中作

吴楚蒼茫一望分，重來立馬踞高原。萬峰雲氣環天砫，九派濤聲落海門。啼鳥夕陽三祖寺，桃花春雨二喬村。十年憔悴城東路，漫指單衫憶舊痕。

秦淮水榭

初月纖纖映落霞，街頭疏柳欲棲鴉。青簾畫舫新橋水，碧酒銀缸舊院花。慚愧十年輸絡索，淒涼九月聽琵琶。斗牛不與人間隔，萬里秋江何處槎？

三、四移詠他處不得。

偶題

谷飲林棲絶見聞，百年身世任紛紛。空潭夜雨驚龍子，大野秋風散馬群。一勺共分滄海水，萬峰齊挂碧天雲。閒居是處堪行樂，太息何須賈誼文。

三、四别有寄觸。

落花

水郭山村花亂飛，暖蜂晴蜨枉依依。枝頭子結陰猶淺，葉底香銷夢又違。幾度曉風人中酒，一簾殘雨客思歸。鷓鴣聲裏江南路，那有關情辨是非。

五、六不滯色相，似勝小宋。

楊花曲

君似浮萍草，妾如楊柳花。東風力雖駛，吹不到天涯。

童　蔚九首

童　蔚　字太文，號耕石，康熙時歲貢生，有耕石詩鈔。

送朱築巖之福州任

遠宦漫言薄，皇華一使臣。從來爲禄養，不敢厭風塵。馬渡漳江雪，帆開越嶠春。驛梅頻折贈，千里慰情親。

送亮書履安北上兼懷復齋繼溪秋雯靈皋諸先生

河橋風柳曳殘春，此别憐非故國身。文字何緣偏賈禍？交親相對重傷神。書生誰比關中俠，朝士皆知宦後貧。終賴盛朝寬大典，清流白馬豈無人。

送任蟄窩之廣陵

春風遥憶廣陵城，直挂蒲帆截雨行。投老步兵狂態減，過江洗馬暮愁生。久無書疏通京雒，但有高僧記姓名。舊地重遊應似夢，六街燈火十年情。

三、四運用直逼唐人。

答姚艾亭

親見淮王丹竈邊，但霑餘粒亦登仙。自憐不得如雞犬，流落人間五百年。

江上暮歸

薄晚潮平江上還，篷窗忽見故鄉山。青青一帶憐如舊，不似行人鬢早班。

妙於語言，含味不盡。

擬遊仙詩

朝駕青虬暮白螭，玉冠簪筆侍彤墀。廣筵不奏鈞天曲，奉詔新編樂府詩。

清瑟聲悲罷撫絃，晴窗閒寫紫薇篇。龍紋鳥爪無人識，墨汁淋漓五色箋。

碧瓦彤軒壓綵雲，月明侍宴九陽君。也知盡醉惟三合，况賜天厨酒百觥。

白雪肌膚冰玉顔，蓬萊新長列仙班。昨宵夢與方平博，贏得青龍只等閒。

童景祖二首

童景祖　字果岑，號芝閣，國子監生。

新興雨後舟行

溪轉忽聞鐘，嵐光重復重。推篷看山色，已過越王峰。
碧樹暝烟合，沙鷗三兩群。蓮舟在何處？風送櫂歌聞。

童孝綬二首

童孝綬 字我眉，號柳屏，乾隆間諸生，有柳屏詩集。王悔生曰：『柳屏詩氣格清穩無纖仄風，從唐人門徑中來。』

江　上

寒氣曉逾峭，客心江上愁。殘烟赭圻樹，斜月白門樓。一枕三年夢，孤篷萬里愁。連朝風信惡，不是爲淹留。

送名侯從叔赴豫章董中丞幕

駐馬亭前月滿溪，銜杯不惜醉如泥。路經廬嶽秋楓老，天入章江暮雨低。索寞仲容留道北，聲名伯起到關西。斗間午夜雙龍氣，極目豐城烟水迷。

童友芹二首

童友芹 邑志作『友莘』，字遥青，號還莊，太學生。王晴園曰：『還莊詩雖未窺古人堂奥，其清老蒼潤者，亦堪諷詠也。』

訪姚大實夫留酌

相見一長笑，如何都白頭。喜君逾豁達，憐我復淹留。衰草原芳草，今游異昔遊。人生幾回醉，此意倍難酬。

『可憐芳草成衰草』，唐楊凌詩，三語用其意。

寄懷陸玉章

訪君常恐遇君難，烟舍雲帆幾度看。萬樹青青楊柳色，落花風裏更憑欄。

童承高二首

童承高 字建中，號了溪，乾隆時諸生，有一空齋詩草。

過田家

幾日秋光好，茅檐野老家。紅飛一庭葉，黄綴滿籬花。蔬摘不須買，酒藏甯待賒。閒來偶招客，相與話桑麻。

春遊

遲日輕風杖一條，山南水北路迢迢。梅花香裏過村隝，楊柳烟中渡野橋。牧豎聚灘看鬭草，商船偎岸聽吹簫。興來正欲謀沽酒，茅店青簾遠見招。

童庚一首

童庚 字嶺先，號淡岑，乾、嘉間國子監生。

秋夜

近日蓬門少客過，一樽相對發高歌。清宵欲作懷人夢，風雨聲中落葉多。

童淼源八首

童淼源 字自南，號禹坡〔一〕，嘉慶間國學生，有怡風書屋詩鈔。張曷園序曰：『禹波沉默寡言，喜飲酒，好吟詠。所爲詩多散佚不存者，僅百餘篇，皆原本性靈。其天機所到，往往與古人闇合，甫及壯年而卒，其子文聰檢其遺草，將以刊之。』

校記：〔一〕『坡』，爲『波』之誤。

雜詩

巢父耕隴畝，無位以爲榮。一聞讓天下，洗耳揚其清。守身非不潔，何以慰蒼生？大道有兼善，豈徒慕高名？黄虞熙庶績，夏商厎平成。豈不悼勞瘁，萬幾心所兢。至誠隨感發，四海仰欽明。

秋夜懷友

北雁秋來皆南飛，南人北去獨未歸。寒風蕭蕭木葉下，柴扉寂寞空斜暉。斜暉寂寂秋江冷，蓬蒿滿地朱芝隱。誰家玉笛起高樓，獨使相思愁難盡。片雲何處隨君過，明月皎皎輝星河。欲向長天更引領，青山蔽之將奈何？

太白樓

萬古狂歌客，江山剩此樓。我來重把酒，明月又當頭。金粟前身證，蛾眉舊日游。倚欄人不見，空水共悠悠。

笛

良夜清如許，何人獨倚樓？梅花千片落，楊柳一庭秋。翠幕深閨夢，孤舟旅客愁。小橋明月在，回首憶揚州。

聽彈水調

美人抱瑤瑟，邀我碧山岑。流水一聲急，前溪烟霧深。曲中皆古調，絃外有餘音。聽罷籟俱寂，清風吹緑林。

項羽

八千子弟渡江東，一戰功成氣概雄。便使諸侯觀壁上，翻令亭長入關中。楚聲夜渡重圍合，垓下歌殘霸業空。何事鴻門勞舉玦，天心原不屬重瞳。

送客

流水何太急，朝朝送客愁。可憐堤畔柳，猶自拂行舟。

魯仲連

片語能全救趙功，逍遥直蹈海瀛東。從來天下安危略，都在書生談笑中。

童水源三首

童水源 字馥南，號荷裳，嘉慶間理問職，有怡風書屋詩鈔。

春日偕友人游望龍庵

春風湖上路，數里入禪關。緑水窗前折，青山樓外環。雜雲分岫出，老鶴伴僧閒。暫寄此幽趣，渾忘塵世間。

秋日讌集白鶴峰

涼風吹木葉，秋色老禪關。白日沉寒水，黄雲壓暮山。荻花殘雨外，帆影亂雲間。佳會常如此，浮生讓我閒。

渡　江

两岸桃花雨，一溪楊柳風。片帆飛不住，已過大江東。

卷三十

王　橒　胡　淳　同校
蘇求莊

范一謨二首

范一謨　字季直，號明臯，萬曆丁酉舉人，有林水齋詩集。汪國士序集曰：『世有莊而不能韻者，亦有韻而不莊者。季直先生至行至性，齊蹟古人，而斗酒雙柑，水邊林下，時一拈出，淵如穆如，盎如悠如，有開元、大曆之不能殊勝者。』

遊吴鳳達〔一〕雲華庵

邱壑平生興，飄然到白雲。遠嵐憑檻見〔二〕，流水隔窗聞。净入青蓮宇，幽隨白鶴群。一尊開磵〔三〕石，對飲更逢君。

校記：〔一〕『達』，龍眠風雅作『逵』。〔二〕『見』，龍眠風雅作『得』。〔三〕『磵』，龍眠風雅作『澗』。

秋病偶值風雨〔一〕

幽居風雨氣蕭森，落木寒花秋色深。斷飲甕餘三箬酒，高眠枕借七絃琴。疏燈檻外芭蕉影，纖露階前蟋蟀吟。起坐黄昏待殘魄，誰家猶自擣寒砧？

校記：〔一〕龍眠風雅『雨』後，有『感賦』二字。

范世忠一首

范世忠 字子貞，崇禎間諸生。

舟中不寐

故鄉今夜月，偏上旅人舟。未有還家夢，徒勞伏枕愁。天寒江欲退〔一〕，烟老荻增秋。剩得連牀語，隨風向北流。

校記：〔一〕『退』，龍眠風雅作『雨』。

范世鑑二首

范世鑑 字子明，天啟初諸生。潘木崖曰：『先生少績學耿介，尚風節，與人交久而彌篤，尤善知人。姚司寇弱冠上書數千言，先生持以示人曰：「此異日救時之才也。」其智鑒如此。』

樅川古道庵

香閣捫蘿上，輕筇乘興遊。緑〔一〕苔迷古道，黄葉〔二〕護林丘。帆影落天際〔三〕，江聲來岸〔四〕頭。如何禪定處，羽客任棲留。

校記：〔一〕『緑』，龍眠風雅作『蒼』。〔二〕『黄葉』，龍眠風雅作『野樹』。〔三〕『落天際』，龍眠風雅作『松陰内』。〔四〕『聲來岸』，龍眠風雅作『流天際』。

謁朱大司農墓

司農墓枕碧峰旁，老盡蕭蕭舊白楊。長以一抔存漢土，共教千載説桐鄉〔一〕。古碑斑駁雲猶護，怪石攲傾樹欲僵。我讀遺〔二〕編如覿面，仍〔三〕攜椒酒拜斜陽。

嗇夫一抔土，勝於長陵堂釜。所謂生王之頭，不如死士之壟也。

校記：〔一〕『共教』，龍眠風雅作『此間』；『説』作『自』。〔二〕『遺』，龍眠風雅作『簡』。〔三〕『仍』，龍眠風雅作『又』。

范又蠡二首

范又蠡 字小范，懷寧諸生，居桐，有釣吟。

皖　樓〔一〕

樓頭夜雨擁奔雷，曉起雲山黯〔二〕未開。花事一春愁裏過，鶯聲百囀夢中來。江帆到眼看時遠，城角闌情聽轉哀。三月湖村芳草緑，攜樽爲〔三〕上釣魚臺。

三、四謂春事已過，而鶯聲嚦嚦，只益撩愁，語意闋合生動。

校記：〔一〕龍眠風雅詩題作寓皖樓中偶作。〔二〕『黯』，龍眠風雅作『黑』。〔三〕『攜樽爲』，龍眠風雅作『如何不』。

湖上

鶯老花殘雨未晴，山頭雲散復雲生。驅牛飽飯湖邊草，明日秧田帶水耕。

似石湖田園雜興作。

鄧元盛一首

鄧元盛 字恭甫，號二言，天啟間諸生。郎廷極曰：『先生未弱冠，受知於林郡伯，試童子冠軍，顧屢試瑣闈不售，館於巢，有鄰孀夜叩門乞火，拒之不納，有魯男子之風焉。』

題冷村烟樹圖

半灣流水小橋東，門對青山一徑通。好似前村烟樹密，數聲啼鳥緑陰中。

鄧元炤一首

鄧元炤 字含甫，號坤容，崇禎庚午、癸酉副榜。

無　題〔一〕

我過江漢一登樓，樓上遥臨鸚鵡洲。黄鶴不來仙子去，寒潮終古大江流。

校記：〔一〕詩題係點校者所加。

鄧森廣三十四首

鄧森廣 字柬之，號顛崖，崇禎間貢生，有杲園集。施閏章曰：『皖桐鄧先生顛崖重意氣，狗然諾。其文章煥厲廉悍，風發泉涌。其所爲詩含英咀華，引商刻羽。有陳同父開拓萬古、推倒一時之概。先生嘗坐大僚上座，主軍諮帷幄，借箸草檄，多所裨益。後中丞疏薦於朝，欲强之出，卒不許。蓋賢者之不可測如此。』潘蜀藻曰：『先生少負才磊落，跌宕自喜，重然諾，周人之急。遭時多難，嘗欲以匡濟爲任，後乃築室北山，與友輩觴詠爲樂。所作詩咀嚼風騷，浸淫三唐矣。』璈按：藏海詩話云：『作七律，一篇必有剩語，一句必有剩字。』姚惜抱先生亦云：『七言今體，句引字賒，尤貴氣健。先生於此體詩，工力獨擅。其對屬渾成，氣格蒼健，首尾完好，無復剩字弱句，亦庶幾義山、山谷學杜之亞也。』

詠懷

鳳鳥生丹穴，五采何飛揚。舉足亂雲紀，去去摩穹蒼。一鳴二曜朗，再鳴九州康。三鳴肅元化，主聖臣復良。進退本有時，胡乃笑榆枋？咄嗟世無人，驅命逐流光。但求老槃澗，無爲矰繳〔一〕傷。

校記：〔一〕『繳』，龍眠風雅作『矢』。

古離别

君住泗水南，妾住淮水北。相去曾幾何，黯然難爲别。青青楊柳枝，不畏西風折。西風吹客衣，爲君歌一闋。君心如行舟，去住尚悠悠。妾心如秋水，西風咽不流。流水何湯湯，行舟何悠悠〔一〕。君有紫金玦，妾有玉搔頭。别後如相憶，佩之可忘憂。

校記：〔一〕「悠悠」，龍眠風雅作「猶猶」。

述懷 三首之一

羨爾南來雁，因風揚〔一〕素翎。甯過蕭僎墅，不到子雲亭。登〔二〕氣舒清晝，孤吟寄紫冥。江天何所託，寂寞〔三〕少微星。

校記：〔一〕「揚」，龍眠風雅作「展」。〔二〕「登」，龍眠風雅作「⿱癶言」。〔三〕「寂寞」，龍眠風雅作「閒殺」。

古意

冉冉川上藻〔一〕，馥馥澗中〔二〕蘭。皎皎樓上女，戚戚撫清彈。彈罷當窗織，停梭三嘆息〔三〕。嘆息亦何爲？望遠心傷悲〔四〕。不願雙雙守空室，但願妾身生兩翼。西抵祁連北榆關，處處高飛侍君側。

校記：〔一〕『藻』，龍眠風雅作『萍』。〔二〕『中』，龍眠風雅作『邊』。〔三〕『彈罷』二句，龍眠風雅作『清彈曲罷當窗織，深夜停杼三歎息』。〔四〕『嘆息』句，龍眠風雅作『三嘆息，亦胡爲？良人遠向心傷悲』。

野園感賦

窮居漸覺世情乖，披揭〔一〕投珠愜素懷。習習清風長滿閣，茸茸芳草欲侵階。閒看朱户排銅獸，倦對青山挂鐵鞋。紅葉〔二〕亭前千里月，曾隨歌舞到秦淮。

校記：〔一〕『揭』，龍眠風雅作『裼』。〔二〕『葉』，龍眠風雅作『藥』。

贈左崑山

將軍十六擁金貂，仗節專征已四朝。鵲印夜頒千島月，牙籌朝典五溪潮。繡襠侍婢争騎馬，綺帳歌兒戲射鵰。散髮花裀終自得，莫從旗上畫招摇。

過大羅庵贈與疏屆遠兩上人

舊傳無著與天親，外此誰非過量人？偶向柴關驅獨轆，來從木槵證前身。無花果熟千年核，没底鐺炊五合陳。一卷撩零君莫託，盧能原不識風輪。

冬懷次四松韻

高樓百尺有人眠，不比春風王仲宣。避世休嗔靈照女，在家亦坐懶殘禪。繩牀冷豈嫌支石，破屋疏纔得見天。解識新豐雞犬是，舊宫人莫話從前。

從軍行

銕〔一〕板銀箏紫玉珂，隨征處處是行窩。攜來河北青螺髻，勝作江東白鷺蓑。曳落朝眠三獸穩，阿那夜唱五鑾多。爲官不及從軍樂，蹋鞠橋邊載酒過。

曳落，何蕃勁卒也。見舊唐書。

校記：〔一〕『銕』，龍眠風雅作『鐵』。

慰楊機部太史廷麟

按：楊伯祥以編修改職方郎監紀，故曰『機部太史』。

元戎露布竟銷沉，抱膝還來江上吟。常侍幕中開白望，將軍廡下積黄金。不憐宿衛師難飽，但説衝圍寇易擒。擐甲貴臣皆賜死，須知雨露爲君深。

金陵感懷

朱欄翠杪六朝秋，剩得秦淮日夜流。天子幾時臨綺閣，將軍自此醉青樓。金鳶正見歡無極，石馬何心哭未休。寂寞臺城霜月老，又從烽火望揚州。

簫鼓樓船傍夜多，咸陽曲罷又吴歌。果然洛〔一〕下開司馬，莫問城邊載槖駝。瑤圃有尊同北海，金閨無夢不南柯。傷心猶見江東月，曾照先皇玉輦過。

校記：〔一〕『洛』，龍眠風雅作『雒』。

詠懷詩次四松先生韻　七首之一

昨向西山頂上行，漫教草草説逃名。狂奴未灑孤臣淚，蕩子唯〔一〕抛少婦情。皇甫不須争黨與，司空聯復傳容成。抱頭廡下憑君卧，莫聽天邊戰鼓聲。

校記：〔一〕『唯』，龍眠風雅作『難』。

次還山韻贈徐半僧

記得清風古渡頭，同君三醉蓼花秋。只今剩却千年〔一〕在，我笑曾無一絹酬。木榻有情誰破老，柴門借徑亦通幽。籬邊半畝消閒地，也當名山五嶽游。

校記：〔一〕『年』，龍眠風雅作『言』。

抵皖城舊居

鼎湖龍去草堂秋，十二招摇散列侯。只道舳艫銜白下，誰知烽火出黄州。曼纓一過兜鍪改，聖墨千行櫑具收。嘆息海門兵變後，萬家烟井幾家留。

喜孫隨卭歸里兼得司馬公書

苕霅春風斷錦〔一〕茵，君從何處泣迷津？三年不減懷中字，九死初歸海上人。白社儻能書甲子，滄江慎勿嘆庚寅。傳來一札真辛苦，未及開緘淚已頻。

司馬公，魯山先生也。

校記：〔一〕「錦」，龍眠風雅作「曉」。

素〔一〕生

太素先生漉酒巾，十千輸却未愁貧。楸枰一局壺中夢，市屋三間井上春。閒濯靈苗人不識，戲騎龍〔二〕虎鶴同馴。明朝再陟羅浮頂，定有丹砂辟甑塵。

校記：〔一〕「素」，龍眠風雅作「李」。〔二〕「龍」，龍眠風雅作「乳」。

遺懷

澤畔行吟懶記年，媻跚爲少買山錢。亦知金盡防交絶〔一〕，贏〔二〕得才疏免世嫌。石徑漸開清似水，團瓢新築大如拳。北窗聊復憨憨睡，那計林泉與市廛？

校記：〔一〕「絶」，龍眠風雅作「改」。〔二〕「贏」，龍眠風雅作「落」。

元旦

花信沉沉夜正明，海門風静浪初平。披衣纔識西園夢，秉節驚看北府兵。挂劍人猶歌石溜，承盤露不賜金莖。却憐河朔[一]朝正使，尚擁封塵望帝[二]京。

校記：〔一〕『朔』，龍眠風雅作『雒』。〔二〕『帝』，龍眠風雅作『玉』。

喜价人登賢書兼别又漢歸里

朱纓剪剪石麟香，君下松陰六尺牀。自是雄名驚宿哲[一]，敢言憎命在[二]文章。辟疆不老徐無敵，充國難封趙破羌。揮手滄江何所見？數莖殘菊抱秋霜。

校記：〔一〕『宿哲』，龍眠風雅作『鹵簿』。〔二〕『在』，龍眠風雅作『有』。

贈杜開之鎮皖〔一〕

海門高纛擁金城，君是當陽第幾征？四世三公千罫列，一行十藝六蕃迎。星移蔣浦飛黄卧，浪卷殘塘太白横。下馬賦詩還擊楫〔二〕，肯教豎子獨成〔三〕名。

校記：〔一〕『皖』後，龍眠風雅有『口』字。〔二〕『楫』，龍眠風雅作『槳』。〔三〕『成』，龍眠風雅作『知』。

僧話

昨向招提飯後歸，城南城北雨霏霏。跛驢渡水泥汙障，破蓋遮頭雨溼〔一〕衣。蓮〔二〕社不聞人送酒，虎溪應〔三〕有客同饑。晴明再過春郊遍〔四〕，一鉢清蔬稱〔五〕筍肥。

校記：〔一〕『雨溼』，龍眠風雅作『溼到』。〔二〕『蓮』，龍眠風雅作『白』。〔三〕『應』，龍眠風雅作『因』。〔四〕『遍』，龍眠風雅作『便』。〔五〕『蔬稱』，龍眠風雅作『酥趁』。

送單達卿還臨川

客中送客意如何？客去西風〔一〕春草多。鯉石昔曾傳汝水，鯨波今已滿長河。亭移芳樹勞勞曲，梭擲流年踏踏歌。兩岸青山千里夢，應憐張祜在東阿。

校記：〔一〕『風』，龍眠風雅作『豊』。

送杜開之少保入典府兵

羽林千隊紫茸韁，賜得飛書自未央。河北健兒争飲馬，江南老將號當陽。雁門山畔三枝箭，龍驛灘前半段槍。君向秋風開曉幕，莫忘謝萬在胡牀。

同還山木厓西山送秋遂過木厓索飲

遊人無計挽秋歸，手把黄花上翠微。觀是玄都桃不見，園非沁水草猶肥。只嫌未載籬邊酒，好任牢關竹裏扉。散步石經齋下路，却拚一醉答餘暉。

贈龍玄士

麴里先生破角〔一〕巾，十年姓字老風塵。蓴鱸倘可供朝夕，蕉鹿何須辯僞〔二〕真。籬下一花猶傲雪，門前五柳自〔三〕知春。枰敲雁足燈煤落，爛盡樵柯恐是秦。

元旦句：『城上烏棲經歲雪，河邊樹老隔年花。』得小范書句：『王郎研地非因酒，阮籍驅車豈爲貧。』賊渡江句：『六弢錯讀徐無鬼，四尺空聞晉有夔。』送侯恤部句：『詔下金雞題畫省，霜求玉尺領秋官。』次還青句：『官如田叔終須拜，門是盧仝竟反關。』紀事句：『商蚷馳河難止渴，祖龍滅火只燎原。』詠懷句：『萬里風雷歸巨闕，十年辛苦託牟尼。』

校記：〔一〕『角』，龍眠風雅作『葛』。〔二〕『僞』，龍眠風雅作『假』。〔三〕『自』，龍眠風雅作『或』。

贈程卓庵副憲建牙江上〔一〕

朱竿翠電紫遊韁，十二招搖繞步光。詔自虎林爭〔二〕北府，符從鷁岸拜南陽。太平天子初承漢，江左夷吾舊破羌。已見銅駝生赤棘，誰憐金鳳失黃楊？檄書飛盡仍安土，諫草傳來但畫疆。帳〔三〕內幸依程不識，軍中定畏左難當。黃龍痛飲甯辭醉，白馬橫呼豈是狂。赭阜絳雲懸黑羽，丹湖清月點蒼琅。恩深敢謂身難許，仇復應知心已傷。近識興公勞賜問，承明新捧屈阿璋。

校記：〔一〕龍眠風雅詩題作贈副憲程韋庵先生建牙江上。〔二〕『争』，龍眠風雅作『徵』。〔三〕『帳』，龍眠風雅作『韔』。

玉階怨

小院歌聲歇，空階夜月明。幾回承輦處，春草不曾生。

此較劉誠意諸作又出新意。

涼州詞

霜滿孤城旅雁飛，寒時未寄熱時衣。閨中不解涼州冷，猶向纖羅泣斷機。

春詞

昨夜誰人吹紫簫？東風陣陣響雲翹。玉鈴小閣紅棉冷，錯過揚州刺史橋。

估客揚舲下建康，江風千里自襄陽。勸君莫愛舟行順，逆水西流是故鄉。

游女曲

十五女兒浣〔一〕絳紗，曾將顏色比梨花。妝成結伴尋春草，羞指前村是阿家。

校記：〔一〕「浣」，龍眠風雅作「著」。

行路難

露陌新裝塞上行，逢人莫漫説劉生。如今天下風胡少，寶劍千金枉鑄名。

巫山高 明詩綜選

巫山峭石與天齊，巫山峽裏白雲低。行人莫向巫山路，猿到巫山亦夜啼。

鄧森秀一首

鄧森秀 字毓之，號樸庵，明末處士，卒年九十七。劉深莊集書鄧樸庵宴集詩後曰：『余少時從先君子讌集里中，南軒坐者爲樸庵、顛崖两先生及外舅春山公、東方達生數人，迄今已四十年，而樸庵先生龍馬海鶴，晉九十觴，花晨月夕，杖履逍遥，猶日有真率耆英之會，無倦容焉。』邑志：『森秀祖靈山令士美壽九十四，父文學元盛壽八十五，母氏尹壽九十七，世德世壽，邑稱僅事。』

老將

少小入天山，曾經百戰還。一從歸故國，不復出邊關。鐵馬淩風立，雕弧帶月彎。將軍如可用，莫惜鬢毛斑。

鄧　芝二首

鄧　芝　字石束，崇禎末諸生，有鶴厓樵人詩稿。潘蜀藻曰：『鶴厓父之紹於庚午省試，爲春秋房金公楚畹所激賞，以争元魁，寘副車。鶴厓少有夙慧，好蓄書，藏庋數萬卷，所爲詩亦雅俊可誦。』

生生社與諸子茶話

僧舍接烟霞，招尋一水涯。匙翻雲子粒，鐺沸雨前茶。潦到溪聲急，低徊燕影斜。小池生意動，出水有蓮花。

東巖四十初度〔一〕

樽開榴蔭畫堂前，撥剌江魚上筋鮮。何氏諸高通隱著，阮家群從仲容賢。明經接武傳三世，捧檄趨庭羡少年。九十今看秦伏勝，錦衣榮並舞衣妍〔二〕。

校記：〔一〕龍眠風雅詩題作東巖四十初度恰值廷對之期詩以祝之。〔二〕「妍」，龍眠風雅作「牽」。

鄧鋞十六首

鄧鋞 字田功，號栲岑，森廣子，順治間貢生，官唐山知縣，有北山集、集杜詩、强恕堂集。金憲孫集杜詩序：「栲岑家學淵源，掉鞅詞壇者三十餘年，而詩必以少陵爲寶法，所著强恕堂詩選、北山詩餘諸刻，藝林寶之。」方中通序曰：「先文忠公嘗以中邊論詩，中者意，邊者辭也。故意味宜長毋短，格律宜流毋滯，聲調宜高毋卑，字句宜雅毋俗。若取古人有定之辭，行我無方之意；取人有盡之辭，行我無窮之意。離其所合，合其所離。而意味、格律、聲調、字句，切而不泛，貫而不隔。成集不重句，成首不重章，如栲岑之集杜，則尤難之難者也。」張文端序曰：「小巔於少陵詩，深嗜而篤好之。嘗舉少陵古今體詩千四百餘首，皆能覆誦。凡登臨贈答、感物寫懷之作，皆集杜句而成，聲律對仗，纍纍如貫珠。讀者幾忘其爲少陵之詩，只見其爲小巔詩也。」師若琪序：「栲岑令唐山未數月，輒遭罷去，而精神意致曠然浩然，無幾微見於顔面，宜其筆墨所到，風馳雨驟，無纖毫俗氣累其紙素也。」施閏章序曰：「巔崖先生以集唐名，多至數十首，而田功以集杜名，多至數百首，不更爲其難耶？」何令遠北征集杜序曰：『小巔神明變化於詩，其所集杜詩，凡六種：有南州集杜、吴越集杜、有江楚集杜、有北山集杜、有栲夻集杜、今北征其一也。』璥按：何序集杜六種外，又有謁選、次韻、作吏、閒居、放吟、浪遊、寓成、歸田等集。又劉深莊文錢序曰：『小巔自唐山解組歸，出其所撰集杜數十種，於杜詩千四百首中，左之右之，離之合之，若裁五色之雲，成天孫之錦。蓋其所刊行者，固不足盡其所撰輯也。』

病中送王扶日方日下第歸欒署 謁選集杜

扶病送君發，空聞二妙歸。甘從千日醉，還見五雲飛。獨坐親雄劍，聽歌淚滿衣。琴書散明燭，回首意多違。

贈韋賛善、范二貧外、垂白、重經昭陵、夜、巫山縣、向夕、即事。

立秋日憇清源客亭 浪遊集杜

天河元自白，秋至最分明。海右此亭古，人間月影清。幾年春草歇，萬里故鄉情。老罷知明鏡，休看白髮生。

江邊、天河、陪李北海、月、投贈奇〔一〕舒、蘇五弟、懷舊、陳二補闕。

校記：〔一〕『奇』，爲『哥』字之誤。

寄張亶臣庶常

北山集杜

好去張公子，克家何妙年。人皆知飲水，爾獨近高天。班秩兼通貴，官曹可接聯。退朝花底散，不敢廢詩篇。

送張參軍、送李長史、贈裴南部、白監山、寄李秘書、贈嚴閣老、晚出左掖、歸。

喜存返署過晤

寓成集杜

十載江湖客，今朝豁所思。異方驚會面，到日自題詩。前後緘書報，飛騰急濟時。不才名位晚，軟弱强扶持。

孟倉曹移居、公安、送眉州、送崔都水、奉漢中王、别崔潩、夔府書懷、苦竹。

秋日述懷 北山集杜

爲客無時了，家貧苦宦卑。寄書長不達，勸酒歌無詞。短褐風霜入，京華消息遲。艱難昧生理，少有外人知。

大歷二年、贈畢曜、月夜憶舍弟、章留後新亭、冬日懷李白、雨、春日江村、宿昔。

東顯侯中翰見過即送其赴部候補 閒居集杜

翰林名有素，把詔紫薇天。當代論才子，明公獨妙年。文章開突奧，風雅靄孤騫。爲報鴛行舊，清渠一邑傳。

宴胡侍御、閬州送舅、東高使君、贈嚴閣老、秦州、簫郎中、雜詩二十、上題二十。

送王殷伯尉同安　閒居集杜

王子思歸日，應宜綵服新。時來知宦達，志屈偃經綸。行李須相問，他山自有春。使君傳舊德，世業豈沉淪。

送李卿煜、送孟倉曹、寄高詹事、謁先主廟、簡王明府、鄠縣西原、贈裴南鄭、寄李秘書。

新秋看天河　歸田集杜

一別五秋螢，抛書示鶺鴒。轉蓬行地遠，高柳半天青。玉露團清影，銀河倒列星。胡笳樓上發，哀怨不堪聽。

寄漢中王、喜觀即到、八月十五、秦州雜詩、江月、西閣、雨晴、獨坐。

賦得復作歸田去　九首之一　歸田集杜

復作歸田去，連山雨未開。江通神女館，地闊望仙臺。今夕復何夕，傳懷不放懷。南飛有烏鵲，暫借上天回。

暫往白帝、雨、遣愁、巴山、贈衛處士、得弟消息、月、雙楓浦。

寒食日憶北山　放吟集杜

花邊立馬簇征鞍，直道無憂行路難。永夜角聲悲自壯，佳辰强飲食猶寒。只須伐竹開荒徑，常恐沙崩損藥欄。報答春光知有處，誰家數去酒杯寬？

嚴公枉駕、八日、宿州、小寒食、中丞嚴公、得赴成都、江畔、遣悶。

仇池百頃　寓成集杜

我行得遺蹟，讀記憶仇池。百頃風潭上，長吟野望時。

過郭代公、秦州詩、遊何山林、江亭。

烏衣巷

巷是主人非，呢喃語清夜。尋常百姓家，莫道無王謝。

維揚尋瓊花消息　二首之一　謁選集杜

久待無消息，人間誠未多。深知好顏色，最奈客愁何。

寄邛州、梔子、花底、江梅。

聞角聲知隨征婺婦回京 謌選集杜

平明馬上入宮門，慟哭秋原何處村。永夜角聲悲自語，分明怨恨曲中論。

虢國夫人、白帝、宿府、詠懷。

暫止南歸擬作遠遊 北征集杜

嘆息人間萬事非，暫時相賞莫相違。吏情更覺滄洲遠，來歲如今歸未歸。

送韓十四、曲江、曲江對雨、螢。

倦繡圖

爐烟不動静瑤琴，鸜鵒啼殘日又陰。小倚緑窗春寂寂，一簾紅雨落花深。

鄧璩一首

鄧璩 字冬巖，號北村，康熙間貢生。

揚州竹枝詞

平山堂起蜀岡東，秋水當階映碧空。一自芳踪傳六一，幾人題詠繼高風。

鄧詠一首

鄧詠 字蘭書，號松坪，康熙間貢生。

憶家園梅花 二首之一

如此溪山三兩村，數椽茅屋倚松根。彈棋客去雲垂地，沽酒人歸月滿門。幾輩孤山頻放鶴，草間東閣自開軒。何時得返揚州路？一櫂寒江問故園。

鄧遴一首

鄧遴 字甌枚，號鶴坡，康熙間考職，官眉州吏目。

憶秦淮 八首之一

葡萄美酒海山螺，花下藏鈎捲白波。憶得月高良夜永，玉簫閒品侍兒歌。

鄧震一首

鄧震 字於稼，號倢齋。

秋日懷人山居

三徑陶元亮，一竿張志和。白鷗欺浪淺，紅葉領秋多。枕上唯松韻，門前足芰荷。幾時杯共把，解帶卧烟蘿。

鄧　林五首

鄧　林　字啓宇，乾隆間縣學生，有帶草堂遺詩。方東樹曰：『外祖性醇厚，家貧，授徒爲生，客死徐州，無嗣，僅録存遺詩一卷。』

春日雜興

春風如剪刀，百花俱裁出。旖旎滿芳園，欣欣媚旭日。無端風力狂，飄然堪太息。昨日驕繁華，今朝委弱質。花開臨風歌，花謝向風泣。開謝任春風，榮枯奚得失？

馬珠河陶河葉錦堂舍弟司六來晤彭城復各别去

秋水盈塘萍聚白，明月滿空雁鴻落。天涯故友忽相逢，此日何殊故鄉樂。衝風作浪萍流離，月落天曉雁分飛。此時故友忽分散，天涯不勝故鄉悲。蕭蕭風動疏林間，黯黯雲飛四面山。西郊送别征人去，懶看黄花獨自還。

贈顓孫晉修博士

之子名賢後，龍城第一流。書紳先德遠，繼序聖恩優。絶塞馳風馬，長江泛月舟。平生多閲歷，聞達證前修。

暑

清霄萬里見銀河，碧海風高露氣多。星市浮雲淩白道，天涯游子傍黄河。衰年觸熱還防宿，獨夜思鄉且放歌。彈鋏驅車頻失計，富春山下有漁蓑。

東馬大珠河

分手蘇堤憶舊秋，單車爲訪昔年遊。睢陵不比新豐市，可有將軍識馬周？

鄧振甲一首

鄧振甲 字湘亭，乾隆間諸生。

病中雜詠

入夏多時總似秋，寒衾獨擁雨颼颼。披衣欲剔銀缸坐，愁聽隣雞唱不休。
何處飛霜入鬢華，身輕如葉任風斜。自嘲不解支離苦，扶杖猶澆愛日花。

鄧沅二首

鄧沅 字唐節，號筠齋，國子監生，有筠齋詩集。張聰魯曰：『先生年五十侍父鶴坡公，不命坐，不敢坐。不命退，不敢退，恂恂如孩提。母吴夫人病，兩封膚以進。及卒後，每春秋祀墓，猶悲涕不已。』

晚春

不知春已晚，手自植新柯。偶以故人至，時從庭外過。滿園芳草緑，一樹落花多。風日兹清美，遥思晉永和。

獨坐

獨坐回廊外，秋風酒一卮。荒庭人過少，深苑鳥歸遲。寂寂誰相伴？怦怦動去思。高歌復長嘯，新月照江籬。

鄧夢禹三首

鄧夢禹 字隱樵，號澗泉，乾隆甲午舉人，官南召知縣。

笛

月出城東隅，照見中庭白。萬籟方無言，主人卧牀席。忽聞吹笛聲，輕風散空碧。高情與逸韻，令人煩襟釋。曲罷候西窗，松陰澹秋夕。

客去

客去依虚牖，涼風生竹樓。暗蟲三徑晚，疏雨一簾秋。漢上思前事，淮南憶舊遊。欲眠眠未得，搔首不勝愁。

北固山懷古

幾年不到南徐地，今日初登北固山。古寺半荒亭草白，殘碑猶在石苔斑。六朝城郭秋風裏，三國衣冠落照閒。往事興亡重回首，江東烟景足追攀。

鄧德洋五首

鄧德洋 字濟之，號秋河，年十九歲卒，有秋河詩草。

秋日早起

秋風吹林端，枝葉響如雨。曉起倚闌干，月光猶在户。悵望碧雲深，含情聽鸜鵒。

送客之粤

北園梅又落，南國路重征。江草春連岸，潮聲晚上城。估船天外泊，鮫客水中行。寶玉花鄉産，無囊貯豈盈。

秋日山居

漢山未許俗情牽，嘯傲烟霞屋數椽。日落僧歸雲裏寺，月明人唤渡頭船。蘆花兩岸下朝雁，楓葉一時啼暮蟬。閒倚柴門時遠望，西風蕭颯晚涼天。

垂　楊

柔條低映古淮河，淡淡烟籠淺水波。此是江南好風景，緑陰深處馬蹄過。

山中曉行

霜積楓林萬樹紅，一灣流水小橋東。星辰未落鐘聲動，馬上停鞭聽曉鴻。

高文光二首

高文光 字右國，號絅生，天啓間諸生。

失　題

兀坐茅齋似閉門〔一〕，不臨流水不登山。厭看敗局爭牛李，喜誦新文役馬班。揮塵風流驚日下，編珠〔三〕詞賦出雲間。論衡正欲留充秘，攫去中郎恐未還。

校記：〔一〕『門』，龍眠風雅作『關』。〔二〕『揮塵』，龍眠風雅作『日下』。〔三〕『編珠』，龍眠風雅作『雲間』。

秋中偶作

平生面壁成何用？此日敲門事已非。桃葉渡頭終古月，任他斜轉石城〔一〕西。

校記：〔一〕『城』，龍眠風雅作『橋』。

高日光二首

高日光 字合其，崇禎間諸生。

山居

避俗貪高臥，深居愛掩關。逢人惟命酒，無事只看山。月小疏林淡，風輕野水閒。夜來常夢雨，處處響潺湲。

偶感

陶潛五斗猶辭去，王績三升亦强留。常恨魯元無醴設，穆生何事不歸休？

高拱斗一首

高拱斗 字右箕，號皓叟，順治間諸生。

南歸舟中遇雨同陳常千葉爾玉宋茂初姚駕侯

天涯蹭蹬不歸舟，鎮日江干怨石尤。典盡鷫鸘家萬里，夢遊蝴蝶夜三秋。船頭問酒須謀醉，橐底無錢只買愁。倦倚蓬窗趺坐久，一聲孤雁思悠悠。

高友荆二首

高友荆 字處二，國初諸生，以薦舉官江西弋陽教諭。郡志：『友荆與聊城相國傅星巖爲布衣交，嘗寓籍聊城，補弟子員，復棄去。所爲詩文多險峻語，姚休那、何次德亟稱之。』

寄懷傅星巖修撰

傅以漸，聊城人，順治丙戌進士第一。

憶昔聊城寄〔一〕硯田，詞場百戰避諸賢。賓鴻書隔三千路，戎馬人歸二十年。天與盛名君自有，時逢多難我誰憐？鄒生暖律春何限，肯借吹聲到九天。

校記：〔一〕『寄』，龍眠風雅作『載』。

輓程廣文

三絕風流數鄭虔，到頭生事僅寒氈。古來文苑君知否？一卷殘編了百年。

情詞憤惋，與昌谷『文章何處哭秋風』同致。

高華一首

高華 字旦分，文光子，康熙間諸生，有從先堂詩集。

夜起

臥覺驚空白，開門步菊叢。宿林無舊鵲，吟砌有新蛩。坐久繁花靜，心清一水空。梧桐已落葉，何處問金風？

殷家允一首

殷家允 字眉原，天啓甲子舉人，有渭磯堂詩草。

題烈婦方氏 五首之一

羞將半鏡引孤鸞，蕙帳香空夢影寒。有女乘凰飛去易，生男如虎並將難。淚斑冉冉凝啼竹，燐火青青照汲竿。楚調招魂誰再賦？寒山一片使人酸。

殷之輅一首

殷之輅 字筠崖，啓、禎間諸生。

練若庵夜坐

澤目生秋早，塵襟入夜空。清鐘千樹月，短笛一樓風。客舍眠皆熟，禪心悟未通。井欄遲我坐，冷露滴梧桐。

殷士衡一首

殷士衡 字莘野，國初貢生，官英山教諭。

夏日自城歸

百里山城策蹇回，葛衣初試竹房開。池眠子母鄰家鴨，園剩青黄手植梅。野店正逢新釀熟，良朋剛送細鱗來。松風盡日涼如許，愛酌西窗酒一杯。

殷翼六首

殷翼 字九山，康熙癸巳舉人，有九龍山房詩草。

太白樓

翠螺渾似畫，峭壁俯東流。松鬧争巢鶴，鐘驚浴浪鷗。江雲常戀塔，山月不藏樓。未敢談詩句，青蓮在上頭。

太湖道中

不識司徒路，行行意杳然。結茅依翠巘，鑿壁上青天。犬吠殘雲外，人歸落照邊。每看投宿處，徹夜枕鳴泉。

徐州渡河

突兀徐州擁大河，廿年風景又經過。衝衢舊種垂楊老，野戍新添畫角多。沾溼短衣和露解，稀疏霜鬢帶冰呵。逢人未問江南信，已聽兒童學楚歌。

九龍山房

輕砂細石草萋萋，緩步青鞋不濺泥。别業重開山以北，好峰仍在屋之西。託謀瓜種先鋤圃，學養魚苗旋築堤。最是百株桃五色，看花不讓武陵溪。

湖上待方柴林不至　二首之一

不見方干十月餘，南浮西去望幽居。藕堤漸長先生柳，竹屋深藏太史書。到手烟霞猶是福，無官禮法不妨疏。春風肯過黄泥坂，看我陽坡學荷鋤。

仙人牀　浮山

來訪仙人牀，仙人已醒去。松風牀上多，留我一箕踞。

殷學洪一首

殷學洪 字立齋，康熙間諸生。

過臨庵感賦

春日踏江灣，禪堂竟日關。寺貧餘古佛，僧去任空山。浪湧鐘聲斷，花飄燕語閒。我來常隔歲，惆悵昔時間。

殷學修一首

殷學修 字韻堂，康熙間太學生。

中江亭小集

到此高何極，亭空罩石矼。詩人集杯酒，圖畫補軒窗。芳草綠連渡，夕陽紅過江。登臨一懷古，鐵板起吴腔。

殷從興二首

殷從興 字起崖，乾隆間官瑞安縣。

嚴子陵祠

大澤荒祠烟水空，客星千古照清風。糟糠夫婦恩猶薄，貧賤交情義豈終。浮世功名翻一累，故人位次勝三公。即今帶礪誰如舊？惟有寒江屬釣翁。

子陵不臣，光武從，廢郭后，看出此意，未經人道。

臨江舟中

微風習習小陽天，端正蒲帆十幅懸。曉發尚愁樟樹雨，晚沽已醉蠡湖泉。霜彫柳影疏仍緑，月映堤光缺後圓。勞擾江干憐我獨，歸時仍上去時船。

殷以眉一首

殷以眉　字若醉，乾、慶間處士。

道　口

門迎緑水阿誰家？過雨春烟屋角斜。两岸垂楊三徑竹，短牆頻露海棠花。

殷是煒一首

殷是煒　字夢石，乾、嘉間太學生。

桃花嶺銀塘旅夜

行旅蒼涼夢不成，臨流小閣緒風生。多情最是銀塘水，竟夕淒清對客鳴。